UNSERE ERDE

FAKTEN UND REKORDE RUND UM DEN BLAUEN PLANETEN

RAVENSBURGER BUCHVERLAG

Die Deutsche Nationalbibliothek verzeichnet diese Publikation in der Deutschen Nationalbibliografie.
Detaillierte bibliografische Daten sind im Internet über **http://dnb.d-nb.de** abrufbar.

3 2 1   C B A

Deutsche Ausgabe © 2017 Ravensburger Buchverlag Otto Maier GmbH, Postfach 1860, 88188 Ravensburg

Titel der Originalausgabe: Superstats: Extreme Planet

Rechte der Originalausgabe: © Weldon Owen Limited 2015

Text: Moira Butterfield

Deutsche Ausgabe
Übersetzung: Susanne Schmidt-Wussow

Satz und technische Umsetzung: Sabine Dohme, München
Umschlaggestaltung: Maria Seidel, atelier-seidel.de
Umschlagfoto: Thinkstock/forplayday

ISBN 978-3-473-55441-6

www.ravensburger.de

UNSERE ERDE

FAKTEN UND REKORDE RUND
UM DEN BLAUEN PLANETEN

 # INHALT

ÜBERSCHWEMMUNG UND DÜRRE

Irgendwo in der Welt regnet es immer – manchmal so heftig, dass es zu Überschwemmungen kommt. Dürren treten ein, wenn über lange Zeit gar kein Regen fällt.

FAKTEN

WAS IST REGEN?

TROPFEN ÜBER 0,05 CM DURCHMESSER

WAS IST NIESELREGEN?

TROPFEN UNTER 0,05 CM DURCHMESSER

< FOLGEN DES MONSUN IN INDIEN

GRÖSSTE REGENMENGE DER WELT PRO JAHR

Lloró, Kolumbien — 13.300 mm

Waialeale, Kauai, Hawaii — 11.923 mm

Mawsynram, Indien — 11.872 mm

Amundsen-Scott-Südpolstation — 20 mm

Wadi Halfa, Sudan — 3 mm

Arica, Chile — 1 mm

GERINGSTE REGENMENGE DER WELT PRO JAHR

17,6
Millionen Tonnen

Geschätzte Menge an Regentropfen, die pro Sekunde auf die Erdoberfläche treffen. Etwa die gleiche Menge Wasser verdunstet auch in jeder Sekunde von der Erde – aus Meeren, Flüssen und Seen.

8
km/h

Durchschnittliche Geschwindigkeit eines Regentropfens, kann aber bis auf 35 km/h steigen.

€
5,3
MILLIARDEN

Durchschnittliche jährliche Ausgaben für Flutschäden in den USA

SAURER REGEN

Bezeichnung für Regen, der durch Umweltverschmutzung sauer geworden ist. Auf die Dauer kann saurer Regen sogar Stein zerfressen.

400
JAHRE

In der Atacamawüste fiel zwischen den 1570ern und den 1970ern rund 400 Jahre kein Tropfen Regen.

Die Atacamawüste in Südamerika ist der regenärmste Ort der Welt. Dort fallen in 1000 Jahren nur etwa 100 mm Regen.

Einige Teile der Atacamawüste sind so trocken, dass es dort keine Lebewesen gibt, nicht einmal ein winziges Insekt oder einen Grashalm.

🌍 RAUSCHENDE FLÜSSE

Von schmal und schnurgerade bis breit und kurvenreich – überall schlängeln sich Flüsse in allen Formen und Größen auf ihrer Reise zum Meer durch das Land.

DER LÄNGSTE FLUSS

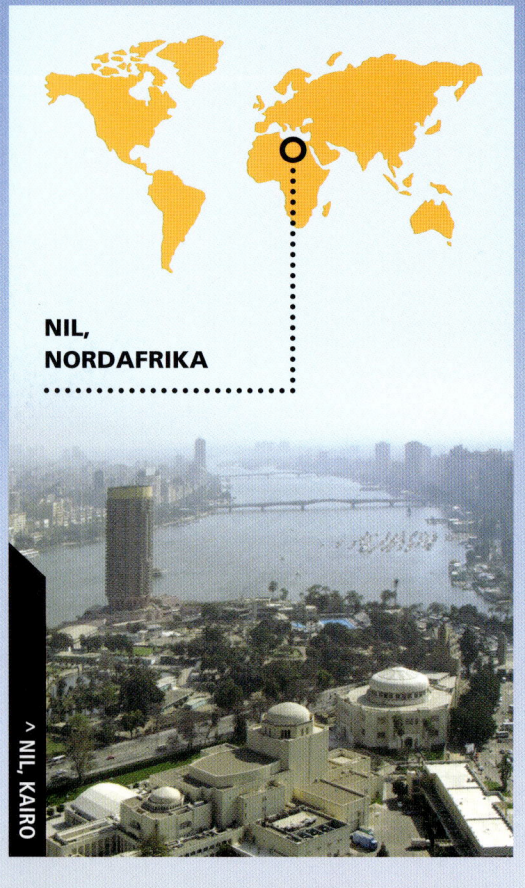

NIL, NORDAFRIKA

^ NIL, KAIRO

Der Name „Nil" leitet sich vom altgriechischen Wort Neilos ab, das „Tal" bedeutet.

 FAKTEN

▲ Der Nil ist mit 6670 Kilometern der längste Fluss der Welt.

▲ Auf seiner Reise zum Meer fließt der Nil durch mehrere Länder in Nordostafrika.

▲ Er durchquert auch Kairo, die Hauptstadt Ägyptens.

▲ Der Nil trat jedes Jahr zwischen Juni und September über die Ufer, bis in den 1960er-Jahren der Assuan-Staudamm gebaut wurde.

▲ Der Nil ist ein wichtiges Transportsystem; Schiffe sind in der Region immer noch ein beliebtes Transportmittel.

▲ Die alten Ägypter nannten den Nil *Iteru*, was „Fluss" bedeutet.

Viele Tiere leben am Nil, darunter das Nilkrokodil – eins der größten Krokodile der Welt! Es kann bis zu 6 Meter lang werden.

DIE **LÄNGSTEN** FLÜSSE DER WELT:

1. **NIL**, Ägypten .... 6650 km

2. **AMAZONAS**, Südamerika .. 6437 km

3. **JANGTSEKIANG**, China .. 6304 km

4. **MISSOURI – MISSISSIPPI**, USA .... 6280 km

5. **JENISSEI**, Sibirien .... 5544 km

6. **GELBER FLUSS**, China .... 5469 km

7. **IRTYSCH – OB**, Sibirien ... 5414 km

8. **KONGO**, Afrika .... 4703 km

9. **AMUR**, China und Russland .... 4447 km

10. **LENA**, Russland .... 4403 km

TIEFSTER

220 METER

So tief ist das Wasser stellenweise im Kongo, dem tiefsten Fluss der Welt.

SCHMUTZ-WASSER

Viele Flüsse sind verschmutzt, aber der Citarum in Indonesien bricht alle Rekorde! Er ist der dreckigste Fluss der Welt – an manchen Stellen treibt so viel Müll, dass man nicht mal das Wasser sieht.

30 BILLIONEN LITER

Wasser fließen jeden Tag aus der Mündung des Amazonas ins Meer.

Der Amazonas ist der größte Fluss der Welt mit dem meisten Wasser.

< AMAZONAS, BRASILIEN

860 Tage

… das sind 2 Jahre, 4 Monate und 8 Tage!

So lange brauchte der Brite Ed Stafford, um von der Quelle des Amazonas bis zu seiner Mündung zu laufen. Er war der erste Mensch, der das tat.

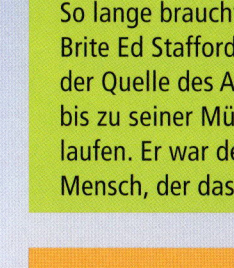

KÜRZESTER

61 METER

lang ist der kürzeste Fluss der Welt, der Roe River in den USA.

GOLD!

In manchen Flüssen kann man Goldblättchen finden, die aus dem Gestein ausgewaschen wurden. 1848 wurde im American River in Kalifornien Gold gefunden. Das führte zum berühmten Goldrausch, als Tausende aufbrachen, um nach Gold zu suchen.

WUNDERBARE WASSERFÄLLE

Wenn Wasser aus Flüssen oder Bächen über eine steile Klippe rauscht, nennt man das einen Wasserfall. Ob klein oder groß, Wasserfälle sind immer ein spektakulärer Anblick.

FAKTEN

1. Wenn ein Bach oder Fluss durch sein felsiges Bett fließt, wäscht das Wasser nach und nach weiches Gestein wie Kalkstein und Sandstein aus.

2. Schließlich bleibt nur hartes Gestein übrig, zum Beispiel Granit. Dieses bildet Kanten, über die das Wasser fällt.

3. Das herabstürzende Wasser glättet die Felsen am Rand des Wasserfalls und flacht sie ab.

4. Die Kraft des Wassers höhlt unter dem Wasserfall ein Becken aus, die sogenannte Gumpe.

NIAGARAFÄLLE

DIE NIAGARAFÄLLE LIEGEN AUF DER GRENZE ZWISCHEN DEN USA UND KANADA.

DIE NIAGARAFÄLLE, NORDAMERIKAS GRÖSSTER WASSERFALL, SIND 52 METER HOCH.

DAS WASSER AUS DEN HORSESHOE FALLS SCHLÄGT UNTEN MIT EINER KRAFT VON 2509 TONNEN AUF.

2,5 MILLIONEN LITER WASSER RAUSCHEN PRO SEKUNDE ÜBER DIE KLIPPE DES GRÖSSTEN TEILS, DER HORSESHOE FALLS.

Nick Wallenda lief auf einem Hochseil über die Niagarafälle. 2012 kämpfte er sich durch starken Wind und Spritzwasser zum Erfolg.

DIE 5 **HÖCHSTEN** WASSERFÄLLE:

1. **SALTO ÁNGEL**, Venezuela ..... 979 m

2. **TUGELA FALLS**, Südafrika ...... 947 m

3. **UTIGARDSFOSSEN**, Norwegen .... 800 m

4. **MONGEFOSSEN**, Norwegen .... 774 m

5. **MUTARAZI FALLS**, Simbabwe .... 762 m

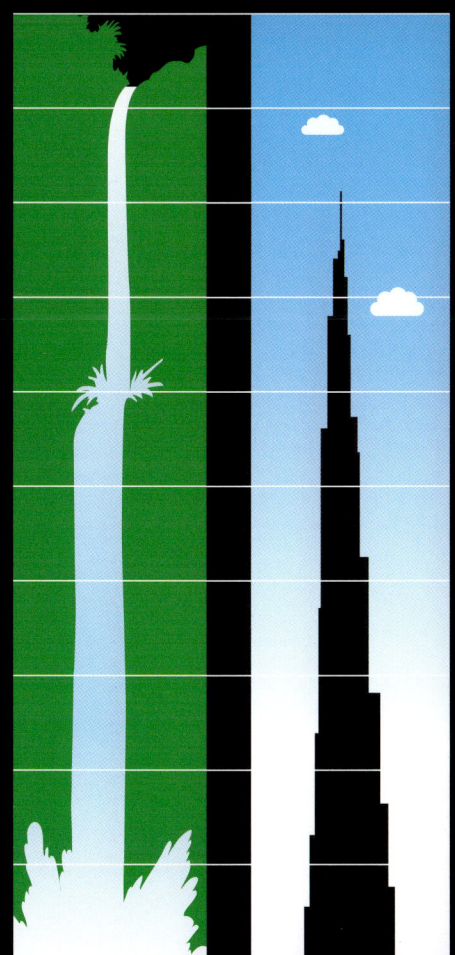

SALTO ÁNGEL, Venezuela **979 m**

Höchstes Gebäude der Welt: BURJ KHALIFA in Dubai **828 m**

> SALTO ÁNGEL, VENEZUELA

WINKE-WINKE!

Panama-Stummelfuß-frösche leben an Wasserfällen. Teilweise verständigen sie sich über ein spezielles Winksignal, weil das Wasser so laut ist, dass niemand ihr Quaken hört.

16 x

Die Victoriafälle in Afrika sind der größte Wasserfall der Welt, wenn man Breite und Höhe zusammennimmt. Sie sind 108 Meter hoch und etwas über 1,6 Kilometer breit, so viel wie 16 Fußballfelder hintereinander.

MOND-REGENBOGEN

Bei Vollmond kann man an den Victoria-fällen einen Mond-regenbogen sehen. Er sieht aus wie ein normaler Regenbogen, nur zeigt er sich im Mond- statt im Sonnenlicht.

> VICTORIAFÄLLE, AFRIKA

24/7

Wegen des ständigen Sprüh-nebels vom Wasserfall ist der Regenwald an den Victoria-fällen der einzige Ort an der Erde, an dem es jeden Tag rund um die Uhr regnet.

BREITESTE

DIE **5 BREITESTEN** WASSERFÄLLE

1. **MEKONGFÄLLE**, Laos .... **10.783 m**

2. **SALTO PARÁ**, Venezuela .... **5608 m**

3. **KONGOU-FÄLLE**, Gabun .... **3200 m**

4. **IGUAZU-WASSERFÄLLE**, Brasilien/Argentinien .... **2682 m**

5. **SALTO YUCUMÃ**, Argentinien .... **2065 m**

UNGLAUBLICHE CANYONS

Ein Canyon ist ein schmales, steiles Tal, das von einem rasch fließenden Fluss aus dem Gestein gewaschen wurde. Die Entstehung von Canyons (auch Schluchten genannt) dauert Millionen von Jahren und sie gehören zu den atemberaubendsten Landschaften der Welt.

DER GRAND CANYON

11.000 Jahre alte fossile Faultierknochen wurden in den Höhlen des Grand Canyon gefunden.

DER GRAND CANYON IN ARIZONA (USA) GEHÖRT ZU DEN GRÖSSTEN CANYONS DER WELT

DER CANYON ENTSTAND, ALS DER FLUSS COLORADO NACH UND NACH DAS GESTEIN ERODIERTE (AUSWUSCH).

FAST 40 SCHICHTEN UNTERSCHIEDLICHEN GESTEINS WURDEN VOM FLUSS FREIGELEGT.

ZAHLEN ZUM GRAND CANYON

▲ 365 Kilometer lang

▲ 1,6 Kilometer tief

▲ 6,4 Kilometer breit an der schmalsten Stelle

▲ 29 Kilometer breit an der breitesten Stelle

▲ Der Fluss brauchte rund 6 Millionen Jahre, um den Canyon in seiner heutigen Form zu formen, doch einige Teile könnten bis zu 70 Millionen Jahre alt sein.

▲ Amerikanische Ureinwohner leben seit Jahrtausenden in der Nähe des Canyons, der für sie ein heiliger Ort ist. Die Paiute nennen ihn *Kaibab*, was so viel bedeutet wie „liegender Berg".

DAS GESTEIN AM BODEN IST RUND 2 MILLIARDEN JAHRE ALT.

TIEFSTER

4,8 km

Die Indus-Schlucht in Pakistan ist der tiefste Canyon der Welt. Sie wurde vom kraftvollen Fluss Indus aus dem Fels gewaschen.

Kurviger Canyon

Der Antelope Canyon in Arizona (USA) ist berühmt für seine tollen geschwungenen Formen und Bögen. Die glatten Felsskulpturen entstanden, als Sturzfluten den weichen Sandstein auswuschen und nur härteres Gestein hinterließen.

> ^ ANTELOPE CANYON, USA

> ^ INDUS-SCHLUCHT, PAKISTAN

355 Meter

Die Höhe der Aizhai-Brücke über dem Dehang-Tal. Es ist die höchste Hängebrücke der Welt.

3 CANYON-ARTEN

Box Canyon

Ein Canyon mit drei begrenzten Seiten und nur einem Ein- und Ausgang. Er bildet sich, wenn Hangteile immer weiter im Landesinneren einstürzen.

Slot Canyon

Ein schmaler Korridor, der von schnell fließendem Wasser geformt wird. Er kann nur wenige Meter breit sein, aber mehrere Hundert Meter tief.

Unterwasser-Canyon

Sieht ähnlich aus wie ein Canyon an Land, wird jedoch von Meeresströmungen ausgewaschen und ist am Meeresgrund zu finden (siehe S. 19).

5752 *METER LANG*

ist die längste Seilbahn der Welt über die Worotanschlucht in Armenien.

DER **GROSSE**

Der Yarlung-Zangbo-Canyon im Himalaya ist der längste und tiefste Canyon der Welt.

◢ **5354 METER** *TIEF*

◢ **496 KILOMETER** LANG

Sechs Klapperschlangen-Arten leben im Grand Canyon. Eine davon findet man nur hier. Sie hat ihre Färbung der Umgebung so gut angepasst, dass sie vor dem rosafarbenen Gestein kaum zu sehen ist!

🌎 SENSATIONELLE SEEN

Ein See ist ein großes Becken mit Wasser, in das ein Fluss oder Bach mündet oder aus dem ein Fluss oder Bach hinausfließt. Es gibt auch Seen voll glühend heißer Lava.

LEGENDÄRER SEE

„Loch" ist das schottische Wort für „See".

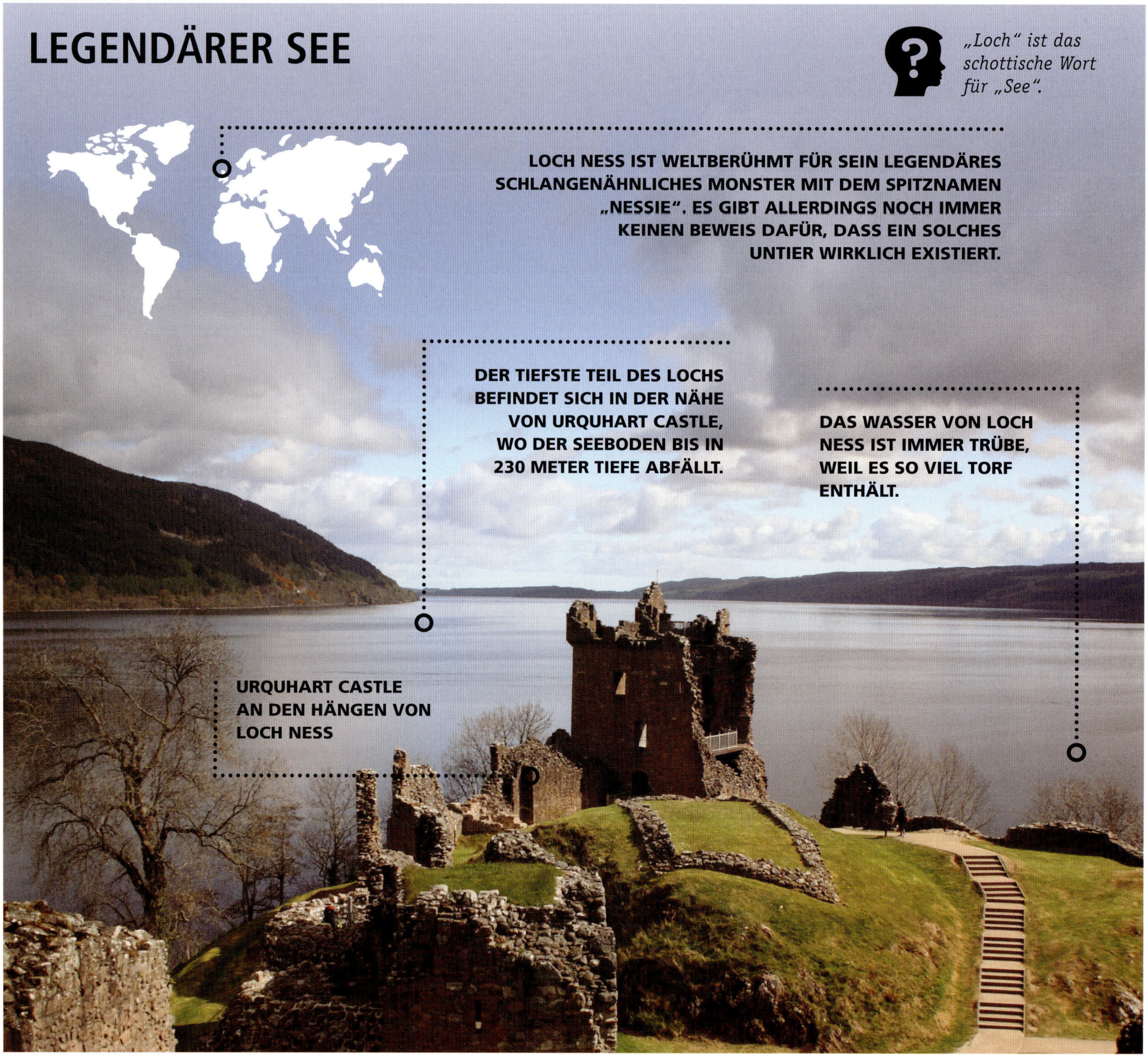

LOCH NESS IST WELTBERÜHMT FÜR SEIN LEGENDÄRES SCHLANGENÄHNLICHES MONSTER MIT DEM SPITZNAMEN „NESSIE". ES GIBT ALLERDINGS NOCH IMMER KEINEN BEWEIS DAFÜR, DASS EIN SOLCHES UNTIER WIRKLICH EXISTIERT.

DER TIEFSTE TEIL DES LOCHS BEFINDET SICH IN DER NÄHE VON URQUHART CASTLE, WO DER SEEBODEN BIS IN 230 METER TIEFE ABFÄLLT.

DAS WASSER VON LOCH NESS IST IMMER TRÜBE, WEIL ES SO VIEL TORF ENTHÄLT.

URQUHART CASTLE AN DEN HÄNGEN VON LOCH NESS

TIEFSTER

428 METER

UNTER DEM MEERESSPIEGEL

liegt der tiefste See der Welt, das Tote Meer, zwischen Israel und Jordanien.

Das Tote Meer gehört zu den salzigsten Seen der Welt. Da Salzwasser dichter ist als Süßwasser, kann man sich bequem treiben lassen und ein Buch dabei lesen!

ACHTUNG, GIFTIG!

Der Karatschai-See in Russland ist wohl der verschmutzteste Ort der Erde. Er wurde als Lagerstätte für Atommüll genutzt und seine Strahlenwerte sind so tödlich, dass eine Stunde Aufenthalt dort reicht, um einen Menschen zu töten.

TEUFELS*BAD*

Dank Schwefel im Wasser ist das Devil's Bath in Neuseeland leuchtend grün gefärbt und stinkt nach faulen Eiern.

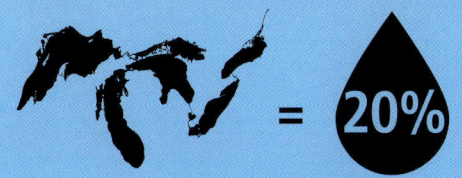 = 20%

Zu den Großen Seen in Nordamerika gehören der **Michigansee**, der **Huronsee**, der **Eriesee**, der **Ontariosee** und der **Obere See**. Sie enthalten über 20 % der Süßwasservorräte der Erde.

^ LAGUNA SALADA DE TORREVIEJA

DEVIL'S BATH, NEUSEELAND

In alten Zeiten wurden häufiger mal Schätze in Seen geworfen. Im Titicacasee an der Grenze zwischen Peru und Bolivien sollen goldene Schätze von unvorstellbarem Wert liegen, die von Inkapriestern dort versenkt wurden.

Alles rosa!

Manchmal färben Salzwasserseen sich rosa wie ein Erdbeer-Milchshake. Für den Farbwechsel ist eine spezielle Alge verantwortlich, die in Wasser mit hohem Salzgehalt wächst.

8 MILLIONEN KUBIKMETER

geschmolzenes Gestein enthält der weltgrößte Lavasee auf dem Vulkan Nyiragongo im Kongo (Afrika). Schwimmen verboten!

^ NYIRAGONGO, KONGO

über 187.000

Seen gibt es in Finnland – daher auch sein Spitzname „Land der tausend Seen".

🌍 MONSTERWELLEN

Gewaltige Riesenwellen können plötzlich und ohne Warnung auftreten, selbst wenn das Meer ruhig aussieht.

WARUM GROSSE WELLEN?

🐞 FAKTEN

- ◢ Eine Sturmflut ist ein Ansteigen des Meeresspiegels durch einen Sturm. Sie kann zu tosenden Wellen und Überflutungen der Küsten führen.

- ◢ Monsterwellen können weit draußen auf dem Meer auftreten, wenn starker Wind und Meeresströmungen aus mehreren Wellen eine gewaltige Riesenwelle machen.

- ◢ Tsunamiwellen werden durch ein Erdbeben, einen Vulkanausbruch oder einen Erdrutsch verursacht, bei dem Wassermassen verschoben werden.

STURMWELLEN AM MÜNDUNGSHAFEN DES DOURO IN PORTUGAL.

TSUNAMI-FAKTEN

- ◢ Wenn eine große Menge Wasser plötzlich verschoben wird (zum Beispiel durch ein Erdbeben), führt das zu einer Reihe von Tsunamiwellen, die „Wellenzug" genannt werden.

- ◢ Der Abstand zwischen zwei Wellen in einem Wellenzug heißt „Wellenperiode". Sie kann einige Minuten oder bis zu zwei Stunden betragen.

- ◢ Spätere Wellen, etwa die fünfte oder sechste, sind meist wesentlich größer und stärker als die erste.

- ◢ Tsunamiwellen pflanzen sich mit extrem hoher Geschwindigkeit über das Meer fort. Dann werden sie plötzlich langsamer und werden noch größer, bevor sie über die Küste hereinbrechen.

< DARSTELLUNG EINES TSUNAMI

MEERES*TRAGÖDIE*

Der Tsunami im Indischen Ozean 2004 gehört zu den verheerendsten Naturkatastrophen in der Geschichte der Menschheit. Mindestens 290.000 Menschen wurden dabei getötet oder gelten seitdem als vermisst. Der Tsunami wurde von einem Erdbeben unter dem Meer verursacht.

Einige Tiere, zum Beispiel Elefanten, scheinen das Herannahen eines Tsunamis zu spüren. Sie suchen höher gelegene Gebiete auf, bevor die Katastrophe hereinbricht.

SCHNELLSTE

800 KM/H

die Geschwindigkeit, mit der Tsunamiwellen sich fortpflanzen können.

Das Pacific Tsunami Warning Center in Hawaii misst Erdbeben und Wasserstände, um Tsunamis vorherzusagen.

80%

aller Tsunamis treten im „Pazifischen Feuerring" (siehe S. 25) auf, weil es dort so viele Erdbeben und vulkanische Aktivitäten gibt.

TÖDLICHE KATRINA

2005 brachte der Hurrikan Katrina eine Sturmflut mit mehr als 8 Meter hohen Wellen an die Küsten der USA. Er verursachte schwere Überschwemmungen, unter anderem eines großen Teils von New Orleans.

525 METER

hoch war die größte Welle, die jemals vermessen wurde (5,6-mal so hoch wie die Freiheitsstatue). Sie erreichte 1958 die Lituya Bay in Alaska.

100 KM/H

schnell können sich vom Wind erzeugte Wellen fortbewegen.

ATLANTIS

Die Legende von Atlantis, einer geheimnisvollen versunken Unterwasserstadt, könnte mit einem Tsunami begonnen haben, der vor rund 3500 Jahren die Insel Kreta traf und die Minoer überflutete, die dort lebten.

30 METER

Die Höhe der Welle, auf der der brasilianische Surfer Carlos Burle 2013 vor der Küste Portugals ritt.

TIEFSTES MEER

Ein Tauchboot braucht Stunden, um in die tiefsten Bereiche der Weltmeere vorzudringen, und wegen des extremen Wasserdrucks sind bemannte Tauchbootfahrten in die eiskalte Finsternis sehr riskant.

EXTREM DICKE WÄNDE

An den tiefsten Stellen kann der Wasserdruck das bis zu Tausendfache des Luftdrucks betragen, den wir an der Erdoberfläche am Meeresspiegel spüren. Tiefsee-Tauchboote müssen daher besonders dicke Titanwände und verstärkte Fenster haben.

TIEFSTE STELLEN IM MEER

Ein Netz aus tiefen Unterwassergräben zieht sich über die Erdoberfläche:

1. **PAZIFISCHER OZEAN**
   Marianengraben = 11,1 Kilometer

2. **ATLANTISCHER OZEAN**
   Puerto-Rico-Graben = 8,7 Kilometer

3. **INDISCHER OZEAN**
   Javagraben = 7,7 Kilometer

4. **SÜDLICHER OZEAN**
   Süd-Sandwich-Graben = 7,2 Kilometer

5. **ARKTISCHER OZEAN**
   Eurasisches Becken = 5,5 Kilometer

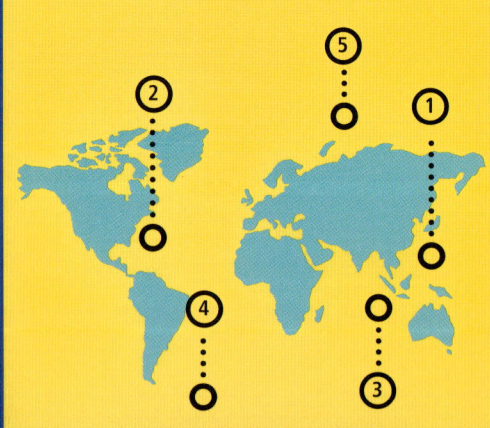

DAS FRANZÖSISCHE FORSCHUNGS-TAUCHBOOT *NAUTILE* KANN WRACKS ERFORSCHEN, VIDEOS DREHEN UND PROBEN VOM TIEFSEE-MEERESBODEN SAMMELN.

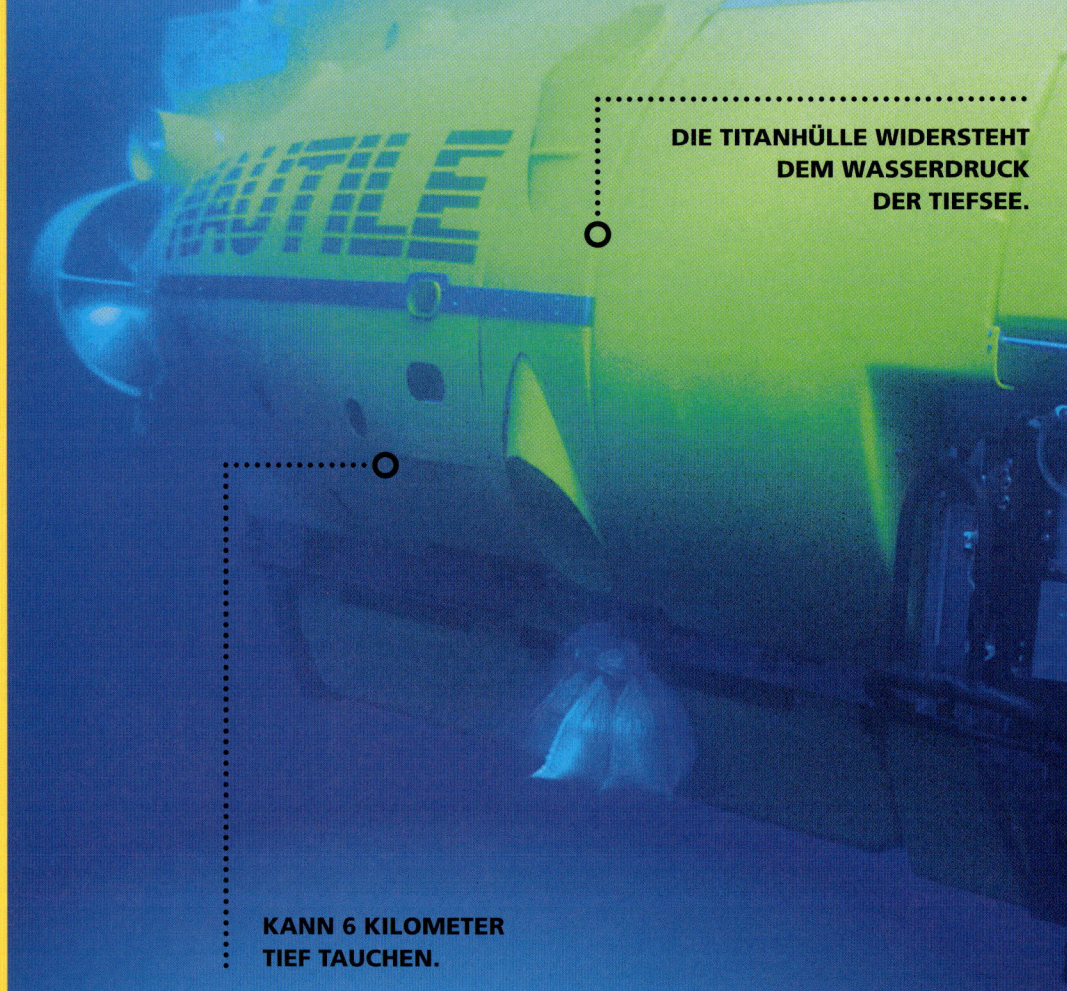

DIE TITANHÜLLE WIDERSTEHT DEM WASSERDRUCK DER TIEFSEE.

KANN 6 KILOMETER TIEF TAUCHEN.

 *Ganz tief unten sieht der Meeresboden aus wie eine Steinwüste mit einer dicken Schicht Schlick aus den Überresten von toten Meerestieren und pflanzlichem Plankton.*

MARIANENGRABEN

◤ 3000 Kilometer langer und 70 Kilometer breiter Graben, tiefster Punkt der Erde im westlichen Pazifischen Ozean

◤ Würde man den höchsten Berg der Welt, den Mount Everest, in den Marianengraben stellen, wäre immer noch 2,3 Kilometer Wasser über ihm.

◤ Der tiefste Teil heißt Challengertief. Bis 2012 haben nur drei Menschen diesen Punkt je erreicht.

◤ 2012 unternahm die Deepsea Challenger den ersten Solo-Tauchgang zum Grund des Marianengrabens.

◤ Es dauerte zwei Stunden und 36 Minuten, bis die Deepsea Challenger den Meeresgrund erreicht hatte.

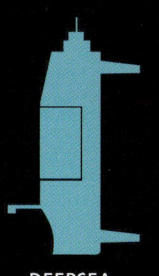

DEEPSEA CHALLENGER

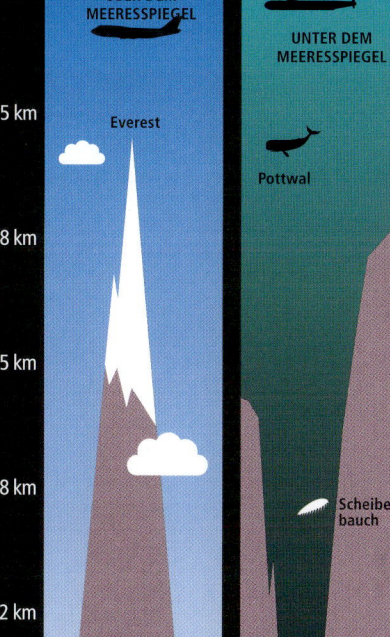

ÜBER DEM MEERESSPIEGEL

11,3 km

9,5 km

8 km

6,5 km

4,8 km

3,2 km

1,6 km

Everest

UNTER DEM MEERESSPIEGEL

1,6 km

3,2 km

4,8 km

6,5 km

8 km

9,5 km

11,3 km

Pottwal

Scheibenbauch

Deepsea Challenger

IN DER TIEFE!

Eine unbekannte garnelenähnliche Tierart (rechts) wurde beim Fressen eines Köders gefilmt, den ein chinesisches Tauchboot bei einer Expedition in 7 Kilometern Tiefe im Marianengraben ausgelegt hatte. Die größte Tiefe, in der je ein Fisch (ein Scheibenbauch) erfasst wurde, betrug 8,1 Kilometer.

< MARIANENGRABEN

50x

Der Wasserdruck am Boden des Marianengrabens entspricht dem Gewicht von 50 Jumbojets, die auf einem Menschen gestapelt werden.

Sonnenlicht von der Meeresoberfläche dringt bis in etwa 1000 Meter Tiefe. Darunter können Tauchboote nur noch mit ihren Scheinwerfern etwas erkennen.

🌐 RIESENSTRUDEL

Wenn entgegengesetzte Wasserströme aufeinandertreffen, können sie faszinierende Wasserwirbel bilden. Die meisten sind recht zahm, aber einige werden zu mächtigen, gefährlichen Strudeln.

 Es ist bekannt, dass kräftige Strudel schon Schwimmer in den Tod gerissen haben, aber es gibt keinen Beweis dafür, dass sie jemals ein großes Schiff verschlungen haben.

NARUTO-STRUDEL

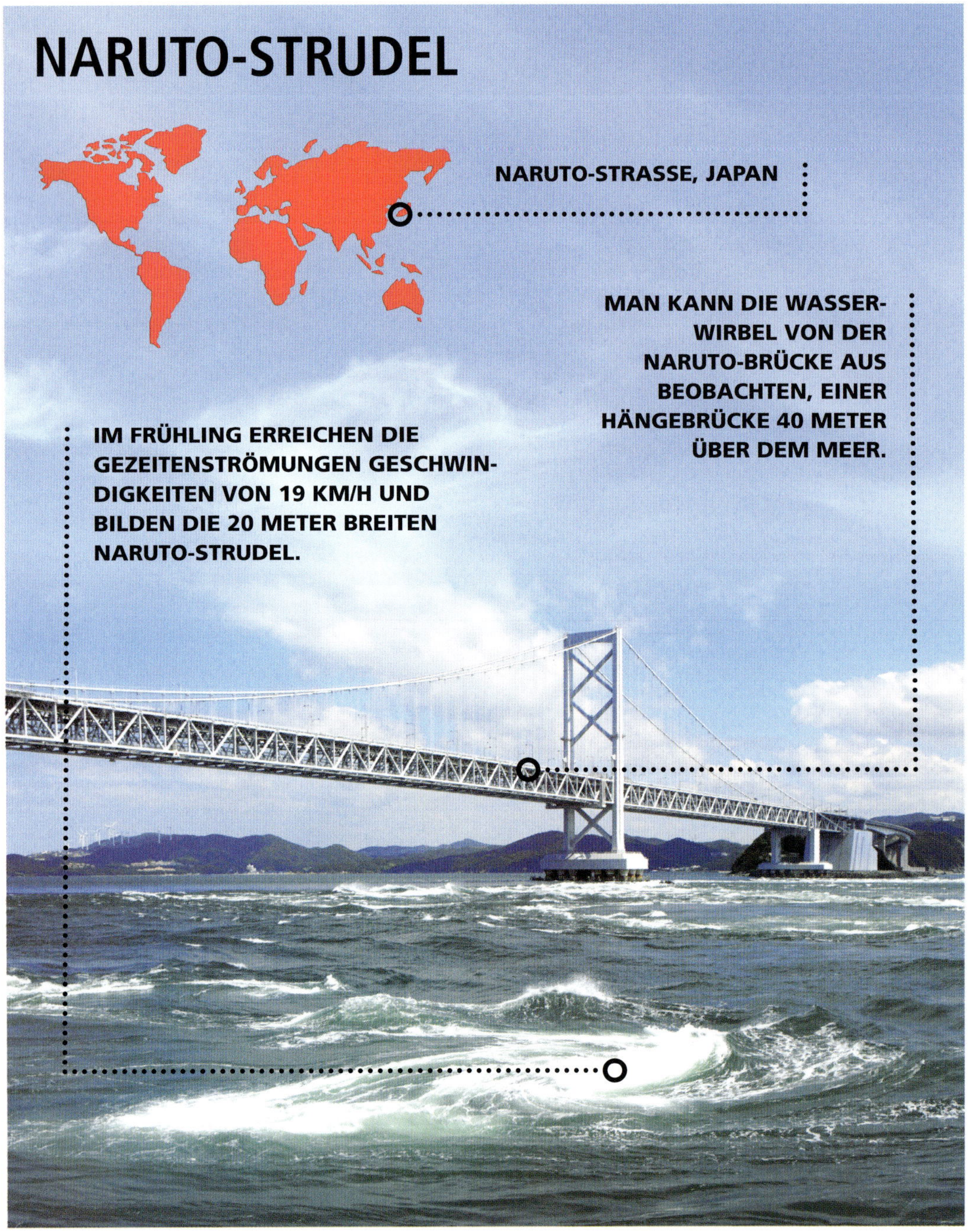

NARUTO-STRASSE, JAPAN

MAN KANN DIE WASSER-WIRBEL VON DER NARUTO-BRÜCKE AUS BEOBACHTEN, EINER HÄNGEBRÜCKE 40 METER ÜBER DEM MEER.

IM FRÜHLING ERREICHEN DIE GEZEITENSTRÖMUNGEN GESCHWINDIGKEITEN VON 19 KM/H UND BILDEN DIE 20 METER BREITEN NARUTO-STRUDEL.

FAKTEN

BEGRIFFE

▶ **MAHLSTROM** – Bezeichnung für einen starken Wasserwirbel.

▶ **VORTEX** – Wasserwirbel mit einer starken, abwärts gerichteten Strömung.

▶ **MEERENGE** – schmaler Kanal, der zwei Meere oder zwei größere Wassermassen miteinander verbindet. Hier entstehen die kräftigsten Wasserwirbel.

DIE 5 SCHNELLSTEN STRUDEL

1. **SALTSTRAUMEN,** Norwegen ....37 km/h

2. **MOSKSTRAUMEN,** Norwegen ....28 km/h

3. **OLD SOW,** USA – Kanada... **27,5 km/h**

4. **NARUTO-STRUDEL,** Japan ....19 km/h

5. **CORRYVRECKAN-STRUDEL,** Schottland ....18 km/h

Old Sow ist ein Strudel vor der Küste Kanadas. Vermutlich verdankt er seinen Namen den schweineartigen Grunzgeräuschen, die das wirbelnde Wasser macht.

400 METER

breit war der Strudel, der plötzlich entstand, als Bohrgeräte 1980 versehentlich in eine Salzmine unter dem Lake Peigneur in den USA einbrachen. 13,2 Milliarden Liter Wasser verschwanden insgesamt in dem Loch, zusammen mit Bohrgeräten, Booten, Bäumen und Erde.

In der Sagenwelt der alten Griechen schluckte ein Seemonster namens Charybdis Wasser und spuckte es wieder aus, um Strudel zu erzeugen, die Schiffe in die Tiefe zogen.

1 MILLIARDE
TONNEN

Mithilfe von Fotos aus dem All wurden im südlichen Atlantik gewaltige langsame Strudel entdeckt, die größer sind als eine Stadt und bis zu einer Milliarde Tonnen Wasser bewegen.

TSUNAMI-*WIRBEL*

2011 erzeugte das Tohoku-Erdbeben in Japan in der Nähe der Küstenstadt Oarai einen riesigen Strudel im Pazifischen Ozean.

^ SALTSTRAUMEN, NORWEGEN

3000 JAHRE

lang dreht sich Saltstraumen schon, der schnellste Strudel der Welt. Er ist 10 Meter breit und 5 Meter tief.

FASZINIERENDE ORTE IM MEER

Brandungshöhlen und Blue Holes (englisch für Blaues Loch)
gehören zu den schönsten Orten der Welt.

FAKTEN

DAS GREAT BLUE HOLE IN ZAHLEN

▸ 300 METER DURCHMESSER

▸ 125 METER TIEF

▸ Stalaktiten im Inneren des Loches beweisen, dass es vor 15.000 Jahren entstand.

▸ Einer der schönsten Orte zum Tauchen auf der Welt. Hier leben zum Beispiel Papageifische und Riffhaie.

DAS GREAT BLUE HOLE, BELIZE

GREAT BLUE HOLE, BELIZE

Brandungshöhlen werden von kraftvollen, brechenden Wellen geformt, die an Klippen schlagen und das Gestein erodieren (auswaschen).

DAS GREAT BLUE HOLE IST EINE UNTERSEEISCHE DOLINE – EINE TIEFE HÖHLE MIT SENKRECHTEN WÄNDEN, GEFÜLLT MIT MEERWASSER – IN EINEM KORALLENRIFF VOR DER KÜSTE VON BELIZE.

JE NACH ENTFERNUNG DES BETRACHTERS SCHEINT DAS WASSER SEINE FARBE VON TÜRKIS NACH DUNKELBLAU ZU ÄNDERN.

Blue Holes entstanden vor Jahrtausenden und füllten sich dann mit Meerwasser, als der Meeresspiegel im Laufe der Zeit stieg.

SCHÖNSTE

Die Brandungshöhle bei Benagil in Portugal gilt als eine der schönsten der Welt. Sie hat sogar einen eigenen Strand!

^ BENAGIL, PORTUGAL

^ BLAUE GROTTE, KROATIEN

TIEFSTE

202 METER

tief ist das tiefste Blue Hole der Welt, Dean's Blue Hole auf den Bahamas. Taucher können durch einen Eingang unter Wasser hineinschwimmen.

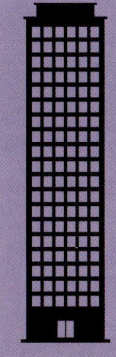

50 STOCKWERKE

Guillaume Nery, der Weltmeister im Freitauchen, schwamm einmal zum Grund von Dean's Blue Hole hinunter – das ist tiefer als vom Dach eines 50-stöckigen Hochhauses! – und wieder nach oben, ohne dabei zu atmen!

LEUCHTENDE GROTTE

Die Blaue Grotte in Kroatien ist berühmt für das blaue Licht, das die Höhle zur Mittagszeit erfüllt. Gegenstände im Wasser erscheinen plötzlich silbern und die Höhlenwände blau.

SINGENDE HÖHLE

Diese schottische Brandungshöhle ist bekannt für die seltsamen Echogeräusche, die entstehen, wenn Wellen gegen ihre Wände schlagen. Sie heißt deshalb „Cave of Melody" (Höhle der Melodie).

^ FINGAL'S CAVE, SCHOTTLAND

Das Wasser in der italienischen Blauen Grotte auf Capri wird vom Sonnenlicht erhellt, das durch Öffnungen unter Wasser hereinscheint. Steckt man die Hand ins Wasser, scheint sie zu leuchten. Früher mieden die Menschen deswegen die Grotte, weil sie glaubten, das Leuchten sei Hexenwerk!

Blaslöcher sind Meerwasserfontänen, die durch Öffnungen im Küstengestein nach oben schießen. Sie können bis zu 25 Meter hoch spritzen.

38 METER

hoch ist die Decke der Haupthöhle in Amerikas größtem Brandungshöhlensystem, den Sea Lion Caves in Oregon (USA). Die Höhle ist länger und breiter als ein Fußballfeld und wird von lautstarken Seelöwen bewohnt. Du kannst sie dir bequem von zu Hause aus ansehen, über die Webcam in der Nähe der Höhle.

ERSCHÜTTERNDE EREIGNISSE

Die Oberfläche der Erde besteht aus großen Teilen, den tektonischen Platten, die wie Puzzleteile ineinandergreifen. Sie bewegen sich langsam und stoßen manchmal zusammen, was zu Erschütterungen der Erdoberfläche führt. Diese Erschütterungen nennen wir Erdbeben.

Erdbeben können weitere Naturkatastrophen wie Tsunamis (Riesenwellen), Erdrutsche und Lawinen auslösen.

FAKTEN

1. Die Platten gleiten nicht immer sanft aneinander vorbei. Manchmal verkeilen sie sich. So baut sich Spannung auf.

2. An der Grenze zwischen zwei Platten reibt das Gestein aneinander oder wird hochgedrückt.

3. Die Gesteinsbewegung erzeugt Energiewellen, die sogenannten Stoßwellen, die die Oberfläche in Bewegung versetzen. Die Stelle, an der sich das Gestein bewegt, wird Bebenherd genannt.

4. Der Punkt an der Erdoberfläche, auf den die Stoßwellen treffen, heißt Epizentrum.

AUSWIRKUNGEN EINES ERDBEBENS

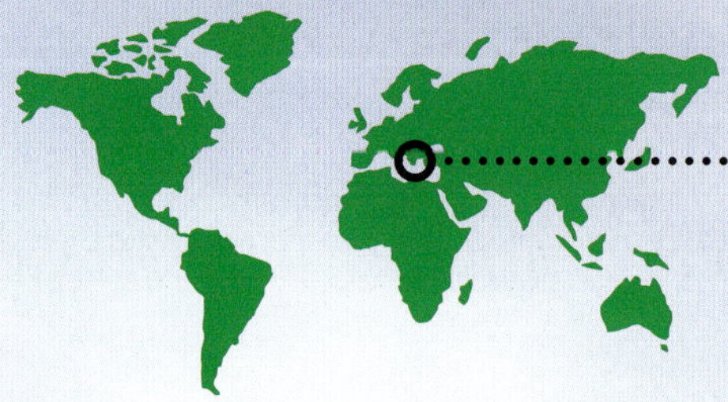

ERCI, VAN, TÜRKEI

IM OKTOBER 2011 TRAF EIN ERDBEBEN DER STÄRKE 7,2 AUF DER RICHTERSKALA DEN TÜRKISCHEN ORT ERCI.

HUNDERTE VON MENSCHEN STARBEN, TAUSENDE HÄUSER WURDEN BESCHÄDIGT.

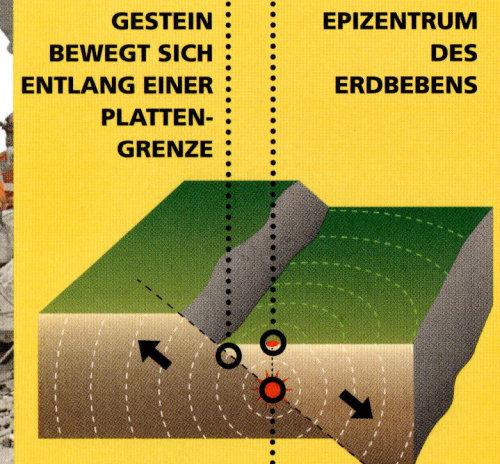

GESTEIN BEWEGT SICH ENTLANG EINER PLATTEN-GRENZE

EPIZENTRUM DES ERDBEBENS

BEBENHERD DES ERDBEBENS

MESSBARES

DIE RICHTERSKALA besteht aus den Werten 1 bis 10, mit denen Größe und Stärke (Magnitude) eines Erdbebens angegeben werden. Ein Erdbeben der Stärke 1 würde man vermutlich nicht wahrnehmen, aber alles über 6 würde wohl beträchtlichen Schaden anrichten.

Stärke 0–1	Mikro-Erdbeben, nicht wahrnehmbar
Stärke 2	Gegenstände im Haus erzittern
Stärke 3	Gegenstände fallen aus Regalen
Stärke 4	Erkennbare Schäden
Stärke 5	Heftige Erschütterungen
Stärke 6	Größere Gebäudeschäden
Stärke 7	Kann auf der ganzen Welt erfasst werden
Stärke 8	Tod und große Zerstörung
Stärke 9	Totale Verwüstung

SEISMOMETER

Gerät, das die Vibrationen erkennt, die von einem Erdbeben verursacht werden.

9,5

Die Magnitude des größten, heftigsten Erdbebens, das je aufgezeichnet wurde. Es ereignete sich am 22. Mai 1960 in Chile.

DIE MERCALLISKALA besteht aus 12 Werten (in römischen Zahlen), die Auswirkungen eines Erdbebens auf Gegenstände und Gebäude angeben. Beispiele:

II	Lampen schaukeln, Fenster klappern.
V	Tische wandern.
VII	Wände brechen ein.
XII	Totalschaden

^ CHRISTCHURCH, NEUSEELAND

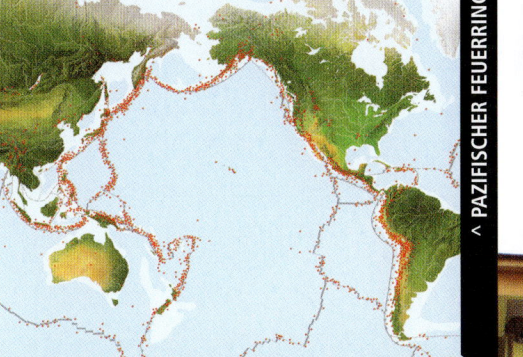

^ PAZIFISCHER FEUERRING

1.300.000

Durchschnittliche Anzahl von Erdbeben pro Jahr mit Magnituden von 2,9 und weniger auf der Richterskala.

1 Anzahl von Erdbeben pro Jahr mit einer Magnitude von 8,0 und mehr.

90%

beträgt der Anteil der Erdbeben auf der Erde, die im sogenannten „Feuerring" im Pazifischen Ozean entstehen.

1 MINUTE

Durchschnittliche Dauer der meisten Erdbeben.

Nachbeben können noch viele Jahre nach einem großen Erdbeben auftreten.

NOTFALLÜBUNG

Wo es häufig zu Erdbeben kommt, üben Schulkinder regelmäßig, wie man sich bei einem Erdbeben verhält: Sie kriechen mit dem Kopf zuerst unter ihre Tische und kauern dort, bis die Gefahr vorbei ist.

FEURIGE BERGE

Ein Vulkan ist kein gewöhnlicher Berg. Tief unter ihm blubbert extrem heißes flüssiges Gestein, sogenanntes Magma, unter der Erdoberfläche. Wenn sich Druck aufbaut, wird das Magma nach oben zur Spitze des Vulkans gedrückt, wo es als heiße Lava und Asche ausbricht.

1. Ein ausbrechender Vulkan wird aktiv genannt.

2. Ein inaktiver oder schlafender Vulkan bricht jetzt gerade nicht aus, wird es aber in Zukunft wieder tun.

3. Ein erloschener Vulkan wird nie wieder ausbrechen.

4. Magma sammelt sich unter der Erd-oberfläche in einer großen Magmakam-mer. Durch Risse im Boden steigt es zur Oberfläche.

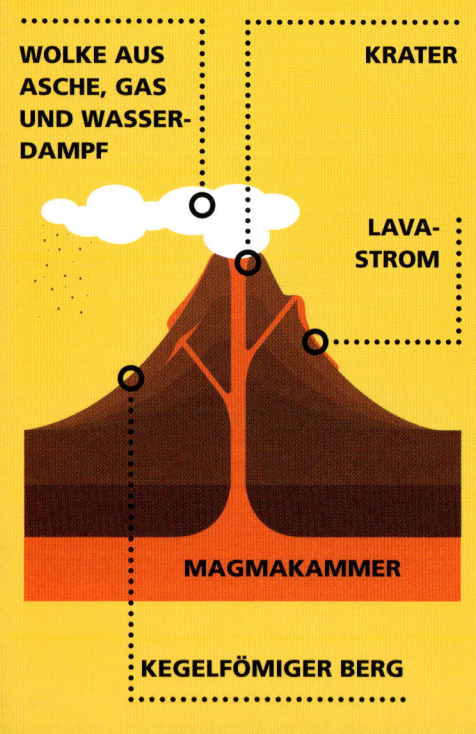

WOLKE AUS ASCHE, GAS UND WASSER-DAMPF

KRATER

LAVA-STROM

MAGMAKAMMER

KEGELFÖMIGER BERG

UNRUHIGER VULKAN

STROMBOLI, ITALIEN

DER STROMBOLI IST EINE VULKANINSEL VOR DER KÜSTE SIZILIENS.

ER GEHÖRT ZU DEN AKTIVSTEN VULKANEN DER WELT UND BRICHT SEIT ÜBER 2000 JAHREN IMMER WIEDER AUS.

VULKANTYPEN

Die Form eines Vulkans hängt von der Art des Ausbruchs ab, durch den er entstand, und davon, welches Material dabei austrat.

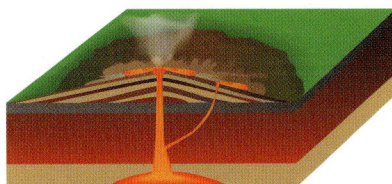

1. **SCHILDVULKANE** sehen aus wie umgedrehte Untertassen und haben flache Hänge.

2. **LAVADOME** entstehen in Hügelform, wenn Lava langsam aus dem Boden austritt.

3. **SCHICHTVULKANE** sind kegelförmige Berge.

1500

Anzahl der aktiven Vulkane auf der Welt.

Diamanten stammen aus Vulkanen und werden bei Vulkanausbrüchen aus den Tiefen der Erde nach oben geschleudert.

Gemahlener Bimsstein aus Vulkanausbrüchen ist in einigen Zahnpasten enthalten. Er wird auch in Make-up und Reinigungsmitteln verwendet.

308.000
Quadratkilometer

Größe des Tamu-Massivs, des größten je entdeckten Vulkans auf der Erde. Seine Fläche entspricht der Größe Großbritanniens.

20–30

Anzahl der Vulkane, die jedes Jahr ausbrechen, die meisten im Meer.

DUCKEN!

Fliegende heiße Lavaklumpen werden vulkanische Bomben genannt. 1935 schleuderte der Asama in Japan solche Bomben mit einem Durchmesser von 5,5 Metern bis zu 600 Meter weit.

950 °C

Die atemberaubend hohe Temperatur, die geschmolzene Lava erreichen kann. Und als wäre das nicht schon schlimm genug, stinkt das Gas aus einem ausbrechenden Vulkan oft nach faulen Eiern!

Heißes *Schlammbad!*

In Kolumbien stehen die Touristen Schlange, um im warmen, schlammgefüllten Krater des Totumo zu baden. Der Schlamm soll gut für die Haut sein.

> TOTUMO

🌍 AUFBRAUSEND

Thermalquellen und Geysire finden sich hauptsächlich in vulkanischen Gegenden der USA. Sie sind ein spektakuläres Schauspiel, aber das dampfende, kochend heiße Wasser, das unter der Erde durch glühendes Gestein aufgeheizt wurde, ist nicht ungefährlich.

OLD FAITHFUL

Mehr als die Hälfte aller Geysire der Welt sind im Yellowstone-Nationalpark in den USA zu finden, im größten Geysirfeld der Erde.

OLD FAITHFUL, DER BERÜHM-TESTE GEYSIR DER WELT, IM YELLOWSTONE-NATIONALPARK (USA)

OLD FAITHFULS AUSBRÜCHE SIND 25 BIS 50 METER HOCH.

ER SCHLEUDERT TAU-SENDE VON LITERN KOCHENDES WASSER IN DIE HÖHE.

DER GEYSIR BRICHT ALLE 35 BIS 120 MINUTEN AUS; EIN AUSBRUCH DAUERT ZWISCHEN 11/2 UND 5 MINUTEN.

 FAKTEN

1. Wasser sickert in die Erde und wird von heißem Vulkangestein erwärmt.

2. Während das Wasser sich aufheizt, sammelt es sich in einem unterirdischen Becken.

3. Sobald es kocht, drängt das nun unter Druck stehende Wasser durch Risse und Spalten wieder an die Erdoberfläche und schießt als Wasser und Wasserdampf hoch in die Luft.

4. Erhitztes Grundwasser sickert wieder ins unterirdische Becken und der Kreislauf beginnt von Neuem.

REGENBOGEN**RING**

Die Grand Prismatic Spring im Yellowstone-Nationalpark ist die drittgrößte Thermalquelle der Welt. Sie ist von einem verblüffenden Regenbogen an Farben umgeben; er wird durch Bakterien verursacht, die im mineralreichen Wasser gedeihen.

< GRAND PRISMATIC SPRING

487
METER HOCH

Am Waimangu-Geysir in Neuseeland wurde die höchste je gemessene Fontäne erreicht. Sie war höher als der Willis Tower in Chicago!

< FRYING PAN LAKE

GRÖSSTER

200 METER

breit ist der Frying Pan Lake in Neuseeland. Er entstand 1886 bei einem Vulkanausbruch und in seinem Krater befindet sich heute die größte Thermalquelle der Welt.

AUF ANDEREN
PLANETEN

Geysirartige Ausbrüche von Wasserdampf wurden auch auf der Oberfläche des Saturnmonds Enceladus entdeckt, auf Neptuns Mond Triton gibt es Stickstoff-Geysire.

< NEPTUNMOND TRITON

AFFEN-
HITZE

Japanmakaken sind berühmt dafür, dass sie in Thermalquellen in der Nähe von Nagano in Japan baden, um sich im eisigen Winter warm zu halten.

< THERMALQUELLEN IN ISLAND

RAUCHER*LAND*

Island hat viele blubbernde Thermalquellen und Geysire, darunter auch den Strokkur, der alle 5–8 Minuten ausbricht. Die Hauptstadt Reykjavik bedeutet „Rauchbucht". Sie wurde nach den dampfenden Gewässern in der Gegend benannt.

3.800.000 LITER

Menge des heißen Wassers in Glenwood Springs in Colorado (USA), dem größten Heißwasser-Swimmingpool der Welt. Das mineralienreiche Wasser soll gut für die Haut sein.

 SCHÄTZE!

Unser Planet steckt voller fantastischer Schätze wie Edelmetalle und Edelsteine. Das Schwierige ist, sie zu finden und aus der Erde zu holen!

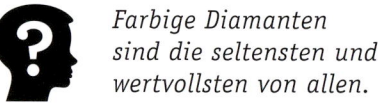 *Farbige Diamanten sind die seltensten und wertvollsten von allen.*

DIAMOND HOLE

MIRNY, OSTSIBIRIEN, RUSSLAND

DIE DIAMANTMINE VON MIRNY IST 525 METER TIEF UND HAT EINEN DURCHMESSER VON 1190 METERN.

 FAKTEN

WERTVOLLES WISSEN

▶ Der Strand der Red Ruby Bay in Schottland ist bekannt für seine winzigen roten Rubine, aber man muss genau hinsehen, um welche zu finden.

▶ Man kann an verschiedenen Orten in den USA nach Juwelen schürfen. Saphire gibt es am Gem Mountain in Montana und Diamanten im Crater of Diamonds State Park in Arkansas. Rubine und Smaragde warten in North Carolina auf ihre Finder.

▶ Wer Saphire sucht, sollte es auch mal im australischen Queensland versuchen.

▶ Die schönsten Rubine kommen aus Myanmar (Burma) und die besten Smaragde aus Kolumbien (Südamerika).

€27,5 MILLIONEN

kostete der teuerste weiße Diamant, der 2013 verkauft wurde.

MEHR ALS 50% ALLER DIAMANTMINEN DER WELT BEFINDEN SICH IN RUSSLAND.

DIE **5 SELTENSTEN** EDELSTEINE

(WERTE IN € PRO KARAT)

1. JADEITE .... **2,7 Millionen**
2. ROTER DIAMANT .... **1,8–2,3 Millionen**
3. SERENDIBITE .... **1,6–1,8 Millionen**
4. BLUE GARNET .... **1,4 Millionen**
5. PAINITE **45–54.000**

Karat = Gewichtseinheit für Edelsteine, entspricht 0,2 g.

TOP **5 GRÖSSTEN** GOLDFÖRDERER

1. **CHINA**
2. **AUSTRALIEN**
3. **USA**
4. **RUSSLAND**
5. **SÜDAFRIKA**

TIEFSTE

4 KILOMETER

reicht die tiefste Mine der Welt, die Mponeng-Goldmine in Südafrika, in die Erde.

Als 1908 in der Namibwüste in Afrika das Diamantenfieber ausbrach, entstand über Nacht die Stadt Kolmanskop (unten). Es gab dort sogar ein Casino, doch als die Diamantpreise in den 1950er-Jahren fielen, wurde die Stadt aufgegeben.

BERÜHMTE *JUWELEN*

KOH-I-NOOR (DIAMANT), 106 Karat, gehört dem britischen Königshaus.

In den **MILLENNIUM SAPPHIRE** sind Bilder von 134 Persönlichkeiten der Geschichte geschnitzt. Er ist so groß wie ein Football.

DOM PEDRO, der größte Aquamarin der Welt, in Obeliskform geschnitten.

Chintamani, die größte leuchtende Perle der Welt, leuchtet im Dunkeln grün und wiegt 6 Tonnen. Sie besteht aus einem Mineral namens Fluorit.

DIE **10** *WERTVOLLSTEN METALLE*

1. RHODIUM
2. PLATIN
3. GOLD
4. RUTHENIUM
5. IRIDIUM
6. OSMIUM
7. PALLADIUM
8. RHENIUM
9. SILBER
10. INDIUM

WASSERWELTEN

Feuchtgebiete sind Landstriche, die von Wasser bedeckt sind. Da das Wasser sehr flach ist, können Bäume und andere Pflanzen dort gut wachsen. Feuchtgebiete befinden sich meist in der Nähe von Bächen und Flüssen, die das Land durchziehen.

- In der Regenzeit (Dezember bis März) sind 80 Prozent des weitläufigen Pantanal in Brasilien überflutet.

- Das Pantanal erstreckt sich über mehr als 150.000 Quadratkilometer und ist damit größer als viele Länder!

- Eine große Vielfalt an Pflanzen und Tieren leben im Pantanal, darunter Hunderte von Vogelarten.

- Zu den seltensten Tieren im Feuchtgebiet gehören Riesenotter, Jaguare und Hyazinth-Aras.

SELTEN UND FURCHT-ERREGEND: JAGUARE BEWOHNEN DAS PANTANAL.

DAS PANTANAL, BRASILIEN

Reisende müssen sich vor Treibsand im Pantanal in Acht nehmen. Treibsand ist Sand, der so nass ist, dass er alles nach unten zieht, was auf ihm steht.

15 MILLIONEN HEKTAR

So viel Fläche umfassen die Mangrovenwälder unseres Planeten. Dabei handelt es sich um Feuchtgebiete in Küstennähe, die von den Gezeiten regelmäßig überschwemmt werden. Der Name kommt von den Mangrovenbäumen, die sich auf diesen Lebensraum spezialisiert haben. Mangroven sind wichtige Kinderstuben für Fische, Krebse und Garnelen.

Gelbe Anakondas werden bis zu 3 Meter lang und lauern im Wasser des Pantanal auf Beute, die sie erdrücken können.

10 MILLIONEN

Anzahl der Kaimane (Krokodilart), die vermutlich im Pantanal leben.

Matsch-Match

Bei der Weltmeisterschaft im Moortauchen, die jedes Jahr in Wales (Großbritannien) abgehalten wird, schwimmen die Teilnehmer durch einen 50 Meter langen schlammgefüllten Graben und zurück, der in ein Moor gestochen wird.

^ SUDD, SÜDSUDAN

Treibende INSELN

Riesige Pflanzenklumpen von bis zu 30 Kilometern Länge treiben auf dem Sudd im Südsudan. Nur das Volk der Nuer lebt an diesem unzugänglichen Ort und baut seine Hütten an trockenen Stellen.

^ OKEFENOKEE-SUMPF, USA

GRÖSSTE MOORE

1.000.000 km²

Das größte gefrorene Moor der Welt in Westsibirien. Es ist so groß wie Frankreich und Deutschland zusammen; Wissenschaftler glauben, es könnte langsam auftauen.

53.000 km²

Die Wassjugan-Moore in Russland mit über 800 Seen.

10.000 km²

Die Sundarbans, der größte Mangrovensumpf der Welt in Indien und Bangladesh.

2600 km²

Der Okefenokee (oben), der größte Sumpf in den USA, an der Grenze zwischen Georgia und Florida.

Keine PANIK!

Treibsand kommt an Flussufern, Stränden, Seen, Marschland und in der Nähe unterirdischer Quellen vor. Es versinken selten Menschen darin, aber häufig geraten sie in Panik, sinken tiefer und kommen nicht mehr allein heraus.

DOLINEN

Wenn Land plötzlich und unerwartet einbricht, entsteht ein klaffendes Loch im Boden, das als Doline bezeichnet wird. Manchmal füllen sich Dolinen mit Wasser und werden zu tiefen, runden Wasserbecken.

 Dolinen haben schon Straßen, Autos und sogar ganze Häuser in die Tiefe gerissen!

HAMILTON POOL

DIESE DOLINE ENTSTAND, ALS DAS DACH EINES UNTERIRDISCHEN FLUSSES EINBRACH.

FAKTEN

1. Saures Regenwasser sickert in den Boden und wäscht unterirdischen Kalkstein aus.

2. Nach und nach bilden sich unterirdische Höhlen. Sie stehen meist voll Wasser, das das Höhlendach stützt.

3. Während einer Dürre fällt der Wasserstand. Wenn es wieder regnet, kann der nasse Boden über der Höhle zu schwer für die dünne Gesteinsschicht darunter werden.

4. Das geschwächte Höhlendach stürzt ohne Vorwarnung ein und bildet eine Doline.

HAMILTON POOL IN TEXAS (USA)

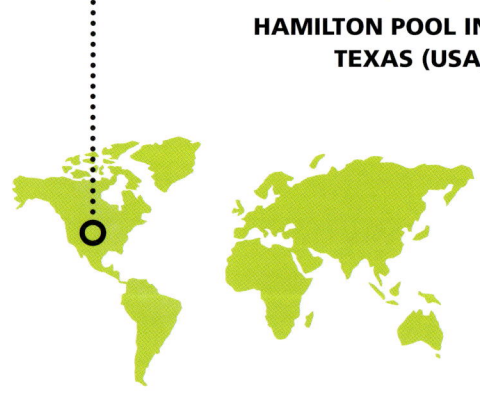

GESCHICHTSTRÄCHTIGES LOCH

Heute ist das Ik-Kil Cenote in Mexiko ein beliebter Badeort für Touristen, aber für die Maya war es ein heiliger Ort. Hier brachten sie dem Regengott Opfer dar, indem sie Jugendliche ins Becken warfen, wo sie ertranken.

^ BIMMAH SINKHOLE, OMAN

Dolinen-Wellness

Im türkisfarbenen Wasser im Bimmah Sinkhole in Oman kann man wunderbar schwimmen. Die Badenden bekommen sogar eine Pediküre von den winzigen Fischen, die an ihren Füßen knabbern!

^ IK-KIL CENOTE, MEXIKO

LÖCHRIGE STADT

Die Stadt Beresniki in Russland ist von großen, klaffenden Dolinen durchsetzt. Sie wurde über einer alten Mine errichtet, und der ausgeschachtete Boden unter ihr wird nach und nach ausgewaschen und bricht ein.

QATTARA-SENKE

Vokabeln

KARST – Bezeichnung für eine Gegend, in der es viele Dolinen (Karsttrichter) gibt.

CENOTE – Wassergefüllte Doline mit Verbindung zu unterirdischen Höhlen und Flüssen.

1994 bekam eine Doline in Florida den Spitznamen „Reise zum Mittelpunkt der Erde". Ein Hohlraum tat sich damals unter einem Haufen Giftmüll auf und vergiftete 90 Prozent des Trinkwassers im Bundesstaat.

19.424 Quadratkilometer

Größe der Qattara-Senke in Ägypten, der größten Doline der Welt. Sie hat in etwa die Form eines Fußabdrucks und ist von Sanddünen und Salztonebenen bedeckt.

🌍 GANZ OBEN

Menschen werden von hoch aufragenden, schneebedeckten Bergen magisch angezogen – nicht nur, weil sie schön anzusehen sind, sondern auch, weil man dort wunderbar wandern, klettern und Ski fahren kann.

NUR FÜR DIE HARTEN 🚫🌿

Am Fuß eines Berges wachsen viele Bäume und andere Pflanzen, aber weiter oben gedeihen nur noch Bodenpflanzen in der Kälte. Auf dem Gipfel wächst wegen der eisigen Kälte, der Winde und der Schneestürme gar nichts mehr.

MOUNT EVEREST

MOUNT EVEREST, HIMALAYA-GEBIRGE, NEPAL

DER MOUNT EVEREST IST MIT 8848 METERN DER HÖCHSTE GIPFEL DER WELT.

DER LUFTDRUCK FÄLLT, JE HÖHER MAN STEIGT – IN 8500 METERN HÖHE DAUERT ES 18,5 MINUTEN, EIN EI ZU KOCHEN!

🐜 FAKTEN

1. Stoßen zwei Erdplatten zusammen, schieben sie die Kruste nach oben und es entstehen Gebirge.

2. Es dauert viele Millionen Jahre, bis ein Gebirge entstanden ist. Der Everest wächst immer noch um etwa 4 Millimeter pro Jahr.

3. Die Höhe eines Berges wird vom Meeresspiegel aus gemessen.

PLATTEN TREFFEN AUFEINANDER

GESTEIN WIRD LANGSAM AUFWÄRTS GESCHOBEN

In Höhen über 8000 Metern gibt es auf dem Everest nicht mehr genügend Sauerstoff für den Menschen. Bergsteiger müssen Sauerstoffflaschen mitnehmen, damit sie atmen können.

NAMEN FÜR DEN EVEREST

CHOMOLUNGMA (tibetisch) – die tibetische Muttergöttin des Universums

SAGAMARTHA (nepalesisch) – bedeutet „Kopf des Himmels"

EVEREST (englisch) – nach dem Landvermesser George Everest

3812 METER

hoch liegt der höchste befahrbare See, der Titicacasee, in den Anden an der Grenze zwischen Bolivien und Peru.

1986 gelang dem Kanadier Pat Morrow als Erstem die Besteigung aller „Seven Summits" (sieben Gipfel), der höchsten Berge auf den sieben Kontinenten.

DIE HÖCHSTEN

1. **MOUNT EVEREST**
   Asien ....8848 m

2. **ACONCAGUA**
   Südamerika ....6959 m

3. **DENALI**
   Nordamerika..........................6194 m

4. **KILIMANDSCHARO**
   Afrika ....5895 m

5. **ELBRUS**
   Europa...................................5642 m

6. **MOUNT VINSON**
   Antarktika ....4897 m

7. **CARSTENSZ-PYRAMIDE**
   Australien..............................4884 m

-50 °C

Wintertemperaturen auf dem Mount McKinley (auch Denali genannt), dem höchsten Berg in Nordamerika.

Die Bergarbeiterstadt La Rinconada in den peruanischen Anden ist mit 5486 m der höchste bewohnte Ort der Erde. Die Einheimischen haben sich an die dünnere Luft angepasst; ihre Lunge ist größer als bei anderen Menschen.

Etwa 5 % der Landmasse auf der Erde ist von Gebirgsketten bedeckt.

10.200 METER

hoch ist der Mauna Kea in Hawaii. Eigentlich ist das der höchste Berg der Welt, aber ein Großteil befindet sich unter dem Meeresspiegel.

< MOUNT RUSHMORE

14 *JAHRE*

dauerte es, die Köpfe der Präsidenten aus dem Mount Rushmore in South Dakota (USA) zu hauen. George Washingtons Gesicht ganz vorn ist 18 Meter hoch.

🌍 STEILE KLIPPEN

Nackte Steilwände sorgen für atemberaubende Anblicke, verändern sich jedoch ständig, weil sie durch Wind und Meer abgetragen werden.

Der Legende nach sind die Trollgipfel Überreste zweier Trollarmeen, die eines Nachts in einer Schlacht gegeneinander kämpften, bei Sonnenaufgang aber in Stein verwandelt wurden.

TROLLWAND

TROLLWAND, NORWEGEN

DIE TROLLWAND IST MIT 1100 METERN ÜBER DEM MEERESSPIEGEL DIE HÖCHSTE STEILWAND EUROPAS.

AUF DEM KLIPPENGRAT REIHEN SICH FELSNADELN UND FELSTÜRME ANEINANDER.

BELIEBTES ZIEL FÜR BERG-STEIGER, ABER GEFÄHRLICH WEGEN HÄUFIGER STEINSCHLÄGE, DIE DURCH EROSION VERURSACHT WERDEN.

🐞 FAKTEN

1. Das Meer kann die Basis einer Klippe angreifen und eine Kerbe herauswaschen.

2. Die Kerbe wird größer und sorgt da-für, dass der überhängende Teil der Klippe abbricht.

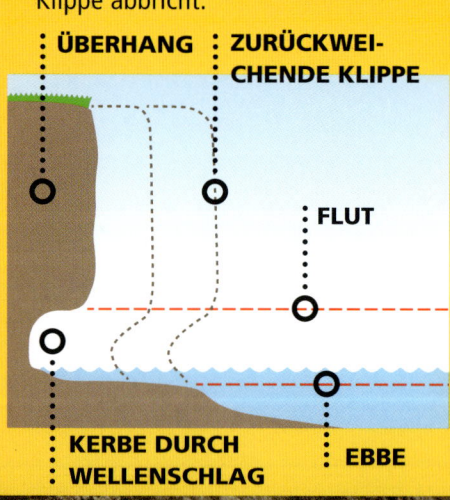

ÜBERHANG

ZURÜCKWEI-CHENDE KLIPPE

FLUT

EBBE

KERBE DURCH WELLENSCHLAG

^ BASE-JUMPER

VERRÜCKT
NACH KLIPPEN

Bei der Extremsportart Base-Jumping springen Menschen mit dem Fallschirm von einer festen Struktur, etwa einer hohen Klippe.

1250
Meter hoch

ist die höchste Steilwand der Welt, Mount Thor in Kanada. Sie ist nach dem Wikingergott des Donners benannt.

In Kanada befinden sich auch die höchsten Meeresklippen der Welt, die Baffin Mountains. Sie erreichen eine Höhe von bis zu 1370 m und sind damit mehr als dreimal so hoch wie das Empire State Building in New York.

Würdest du dich auf diesen gläsernen Pfad trauen, der Hunderte von Metern über dem Boden an einer Klippe des Berges Tianmen in China entlang führt?

^ MESA VERDE, USA

FELSEN-
WOHNUNGEN

Mesa Verde in Nordamerika ist berühmt für seine alten Felsbehausungen, die in Höhlen und überhängende Klippen gehauen wurden. Vor rund tausend Jahren waren sie noch bewohnt.

^ MATERA, ITALIEN

10.000 *JAHRE ALT*

Die prähistorischen Höhlensiedlungen von Matera in Italien sind heute noch bewohnt. Man kann dort in einem Hotel wohnen und schlafen, wo die Steinzeitmenschen einst geschlafen haben.

AUF DER
KIPPE

Die Menschen wohnen gern am Meer – aber Klippen bröckeln ab! Häuser mit Meerblick können daher eines Tages im wahrsten Sinne des Wortes auf der Kippe stehen.

🌐 UNTERIRDISCHE HÖHLEN

Millionen von Höhlen liegen unter der Erdoberfläche verborgen. Die meisten sind unerforschte Geheimorte, aber es wurden auch einige spektakuläre Beispiele entdeckt. Und ständig werden es mehr!

 *Die Jenolanhöhlen sind rund 340 Millionen Jahre alt und damit die ältesten je entdeckten offenen Höhlen.*

JENOLANHÖHLEN

JENOLANHÖHLEN, AUSTRALIEN

🤖 FAKTEN

1. Wenn Wasser durch eine Höhle sickert, nimmt es kleine Gesteinsteilchen mit.

2. Wenn das Wasser verdunstet, lagern sich die Teilchen an der Decke an. Allmählich wachsen so eiszapfenähnliche Stalaktiten nach unten und durch das Wasser, das daran herabtropft, entstehen auf dem Boden stehende Stalagmiten. Manchmal verbinden sich beide zu einer Säule.

STALAKTIT

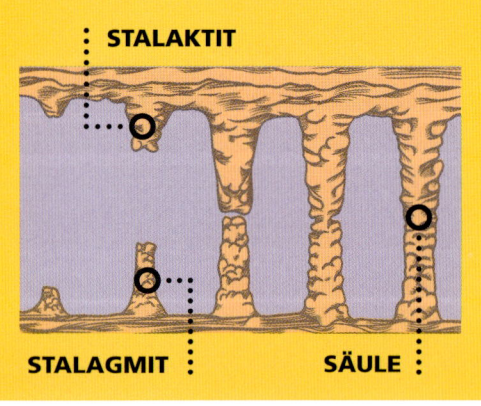

STALAGMIT · **SÄULE**

DIE JENOLANHÖHLEN ZIEHEN SICH 40 KILOMETER DURCH DEN BERG UND ES WERDEN IMMER NOCH NEUE ABSCHNITTE ENTDECKT.

HÖHLENSYSTEME ENTSTEHEN, WENN WASSER NACH UND NACH WEICHEN KALKSTEIN UNTER DEM BODEN AUSWÄSCHT.

HÖHLENZONEN

EINGANGSZONE
Kühl und schattig mit etwas Sonnenlicht und Pflanzen. Zeitweilig bewohnt z. B. von Fledermäusen, Fröschen, Käfern und Nachtfaltern.

DÄMMERZONE
Feucht, wenig Licht. Hier leben z. B. Würmer und Spinnen.

DUNKELZONE
Gar kein Licht und immer dieselbe eisige Temperatur. Hier können winzige Garnelen und blinde Fische leben.

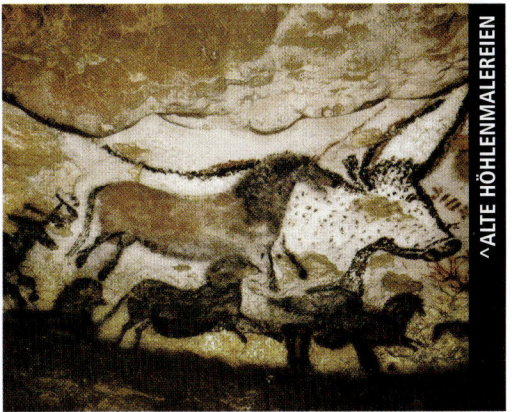
^ ALTE HÖHLENMALEREIEN

300 METER
lang sind die Kristallsäulen, die in den Höhlen der Mine von Naica in Mexiko gefunden wurden.

TIEFSTE
Die Krubera-Höhle in der Nähe des Schwarzen Meeres ist die tiefste Höhle der Welt. Ihre Tiefe wurde mit 2191 Metern vermessen.

Man könnte den Eiffelturm 6½-mal übereinander in die Höhle stellen!

LÄNGSTE
644 KILOMETER
Das Mammoth-Cave-Höhlensystem tief unter Kentucky in den USA ist das längste Höhlennetzwerk der Welt. Es dauert etwa eine Woche, es zu erforschen.

30.000 JAHRE ALT
Höhlen mit alten Bildern von Menschenhand wurden auf jedem Kontinent außer auf Antarktika gefunden. Die Malereien zeigen meistens Tiere wie Bullen, Pferde und Hirsche. Frühe Menschen jagten diese Tiere.

DIE HÖHLEN SIND VOLLER RIESIGER STALAKTITEN UND STALAGMITEN.

TATSÄCHLICHE GRÖSSE 3 MM LANG

Der Springschwanz lebt in der Krubera-Höhle und ist das am tiefsten lebende Landtier, das je entdeckt wurde.

1 MONAT
brauchen Höhlenforscher, um den Boden der Krubera-Höhle zu erreichen. Sie beschreiben es als die Besteigung eines umgekehrten Mount Everest.

🌍 EISIGER NORDEN

Es ist immer kalt im Nördlichen Polarkreis, dem äußersten Norden der Erde, weil die Sonne dort niemals kräftig scheint. In den Wintermonaten ist es dort Tag und Nacht dunkel, und das Nordpolarmeer friert zu.

EISBÄREN FINDET MAN NUR IM ÄUSSERSTEN NORDEN DER ERDE, ABER NIEMALS IN DER NÄHE DES SÜDPOLS.

DIE ARKTIS

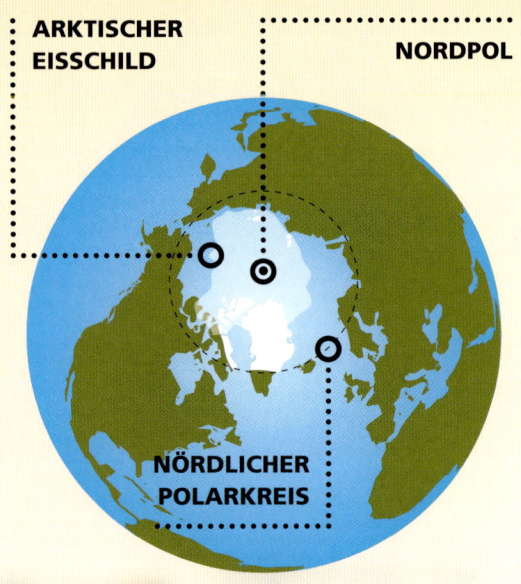

ARKTISCHER EISSCHILD

NORDPOL

NÖRDLICHER POLARKREIS

 FAKTEN

▲ Der Nördliche Polarkreis bezeichnet den Breitengrad, nördlich dessen die Sonne im Hochwinter nicht mehr aufgeht.

▲ Teile des Nordpolarmeeres sind immer gefroren, andere gefrieren nur im Winter.

▲ **15,5 MILLIONEN QUADRATKILOMETER** Ungefähre Ausdehnung des Arktiseises im Winter

▲ **6 MILLIONEN QUADRATKILOMETER** Ungefähre Ausdehnung des Arktiseises im Sommer

 PINGUINE LEBEN NUR AUF DER SÜDHALBKUGEL, DESWEGEN KÖNNEN PINGUINE UND EISBÄREN NUR IM ZOO AUFEINANDERTREFFEN.

? *Der Begriff „Arktis" kommt vom griechischen Wort arktos, das „Bär" bedeutet, aber er hat nichts mit Eisbären zu tun. Namensgeber waren zwei Sternbilder, der Große und der Kleine Bär, die am arktischen Himmel stehen.*

Eisberge brechen vom Packeis ab, wenn die Sonne es in den Sommermonaten zu schmelzen beginnt.

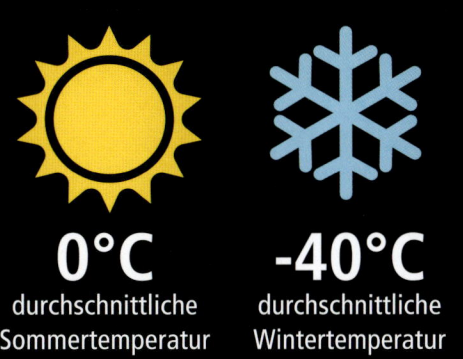

0°C
durchschnittliche Sommertemperatur

-40°C
durchschnittliche Wintertemperatur

692 KILOMETER

beträgt die Entfernung zwischen dem Nordpol, dem nördlichsten Punkt der Erde, und dem nächsten festen Land, der Kaffeklubben-Insel (Grönland). Der Nordpol liegt auf dem dauerhaft gefrorenen Eis.

DIE ARKTISCHEN 8

Acht Länder grenzen an den nördlichen Polarkreis: die USA, Kanada, Grönland, Island, Norwegen, Finnland, Schweden und Russland.

< POLARFUCHS

Manche Tiere wie Polarfüchse und Moschusochsen trotzen dem schlechten Wetter und überwintern in der Arktis. Andere, wie das Rentier, wandern nach Süden.

EISTYPEN

Wenn das Meer gefriert, bilden sich verschiedene Arten von Eis.

FRAZIL-EIS
Feine Eiskristalle, die im Meerwasser treiben.

EISSCHLAMM
Dünne, trübe Schicht von Eiskristallen, die das Wasser bedeckt wie ein Ölfleck.

PFANNKUCHENEIS
Kreisrunde Eisstücke, die sich bilden, wenn Eisschlamm von Wind und Wellen zusammengedrückt wird.

PACKEIS
Entsteht, wenn Pfannkucheneis-Stücke sich zu einer festen treibenden Eisfläche verbinden.

KÜHLER SCHLAF

Würdest du gern mal in einem Eisbett schlafen? In einem Eishotel in der Arktis kannst du es ausprobieren. Die Gebäude werden aus Schnee und Eis jedes Jahr neu errichtet.

< ARKTISCHES HOTEL

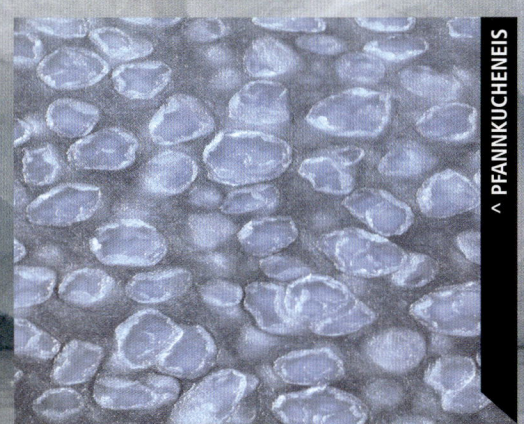

< PFANNKUCHENEIS

EISSURFEN

Such doch mal im Internet nach „Eisberg-Wakeboarding"! Du wirst wagemutige Wakeboarder finden, die über Eisberge und darunter hindurchgleiten.

EISBEDECKTER SÜDEN

Antarktika heißt der Kontinent am Südpol der Erde.
Es gibt dort so viele Gletscher, dass sie zu gewaltigen
Eismeeren verschmolzen sind, den Eisschilden.

ANTARKTIKA

FAKTEN

DURCHSCHNITTLICHES KLIMA

▲ **EISDICKE:** 1,6 Kilometer

▲ **WINDGESCHWINDIGKEIT:** 80 km/h

▲ **JAHRESDURCHSCHNITTS-
TEMPERATUR:** -49 °C

*Da es in der Antarktis
niemals regnet, ist das
Gebiet eigentlich eine
Wüste.*

*Antarktika ist nicht ständig
bewohnt, aber etwa
4000 Menschen verbringen den
Sommer dort in Forschungs-
stationen. Weniger als 1000
bleiben über den Winter.*

SÜDPOL

**SÜDLICHER
POLARKREIS**

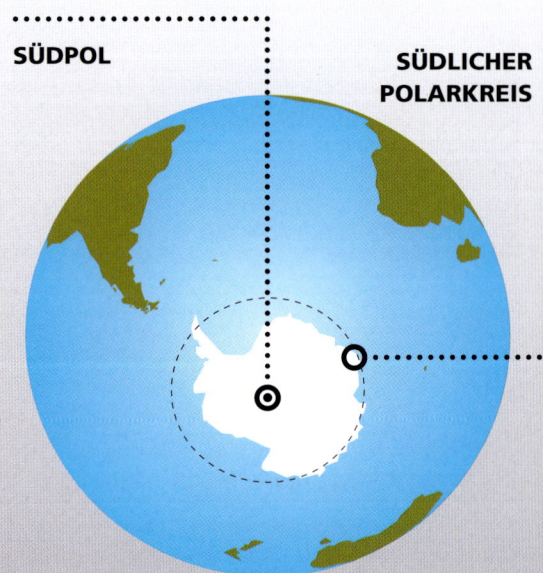

**EISBERGE ERHEBEN
SICH OFT HAUSHOCH
AUS DEM MEER.**

**EISBERGE SIND
DANK WIND UND
WASSERSTRÖMUNGEN
STÄNDIG IN
BEWEGUNG.**

**DER GROSSTEIL
DES EISES EINES
EISBERGS LIEGT
VERBORGEN
UNTER WASSER.**

EISBRECHER

In den antarktischen Wintern bahnen sich mächtige Eisbrecher einen Pfad durch das Meereis, um Vorräte auf den gefrorenen Kontinent zu bringen.

-89,2°C

betrug die tiefste je gemessene Temperatur auf der Erde in der Wostok-Station in Antarktika.

322 KM/H

erreicht die Windgeschwindigkeit in der Antarktis, dem windigsten Ort der Erde.

14 MILLIONEN
Quadratkilometer

Fläche des antarktischen Eisschildes, etwa so groß wie die USA und Mexiko zusammen.

90%

des Eises auf der Erde liegen über Antarktika.

845
METER

breit ist der Krater des Mount Erebus, des südlichsten Vulkans der Erde, in Antarktika. Ein See aus geschmolzener Lava blubbert im 528 m tiefen Krater vor sich hin.

‹ ESELSPINGUIN

35 km/h

schnell können Eselspingine unter Wasser schwimmen. Sie halten den Rekord für die schnellsten Pinguine der Welt.

WINZIG

Winzige Wirbellose wie Milben und Zecken überleben den Winter, indem sie eingefroren unter Felsen und Steinen liegen, bis das Eis zu schmelzen beginnt. Ein Gefrierschutzmittel in ihrem Körper verhindert, dass sie erfrieren.

Die Antarktis ist die Heimat der Pinguine. Sie sind nur auf der Südhalbkugel zu finden.

EISFLÜSSE

Ein Gletscher ist ein breiter, mächtiger Fluss aus Eis, aber er fließt so langsam, dass man die Bewegung nicht sieht.

Jemand, der Gletscher studiert, ist ein Glaziologe.

FAKTEN

GLETSCHERTYPEN

▲ **GEBIRGSGLETSCHER** bewegen sich durch Gebirgstäler.

▲ **EISKAPPEN** (oder Eisfelder) sind kleiner als 50.000 Quadratkilometer und liegen auf Bergen.

▲ **EISSCHILDE** (oder Inlandeis) befinden sich normalerweise an den Polen und sind größer als 50.000 Quadratkilometer.

PERITO-MORENO-GLETSCHER

EIN GLETSCHER SCHNEIDET EIN WEITES TAL IN DIE LANDSCHAFT, DURCH DIE ER ZIEHT UND DABEI STEINE UND FELSBROCKEN MITNIMMT.

PERITO-MORENO-GLETSCHER, ARGENTINIEN

99 % ❄️ 💧
des weltweiten Gletschereises befindet sich in den Polarregionen.

75 % der Süßwasservorräte der Erde sind in Gletschern gespeichert.

2013 wurde ein 39.000 Jahre altes Wollmammut in sibirischem Gletschereis entdeckt. Sogar sein Fell war erhalten geblieben.

KALBEN

‹‹‹‹‹‹‹‹‹‹‹‹

Wenn ein großer Brocken Eis von einem Gletscher abbricht und zu einem Eisberg wird.

DER PERITO-MORENO-GLETSCHER IST 30 KILO-METER LANG UND EINE GROSSE TOURISTENAT-TRAKTION IN ARGENTINIEN.

KÄLTE ÜBERALL

Gletscher gibt es auf jedem Kontinent, sogar in Afrika. Ein kleiner Gletscher befindet sich dort nahe dem Gipfel des Kilimandscharo.

VERBORGENE GEFAHR!

Gletscherspalten können mehr als 30 Meter tief sein. Diese klaffenden Risse im Eis sind gefährlich, weil sie häufig von Schneebrücken bedeckt sind, die aussehen, als könne man sie gefahr-los betreten.

TIEF IN EINEM GLETSCHER KÖNNEN SICH EISHÖHLEN BEFINDEN.

 Etwa 10 % der Erdoberfläche sind von Gletschern bedeckt.

^ GLETSCHER-EISHÖHLE, ALASKA

In einer Gletscher-Eishöhle im isländi-schen Langjokull, dem zweitgrößten Gletscher Europas, kann man sich trauen lassen. Die Höhle wurde von Menschenhand er-schaffen und die Besucher werden auf einem Monster-truck hineingefahren.

 LAWINE!

Wenn Schnee plötzlich mit hoher Geschwindigkeit talwärts saust, nennt man das eine Lawine oder einen Schneerutsch. Der mächtige Schneestrom kann für jeden zur Todesfalle werden, der ihm im Weg steht.

Geräusche verursachen selten Lawinen, aber krachende Geräusche könnten darauf hindeuten, dass es bald zu einem Schneerutsch kommt.

SCHNEELAWINE

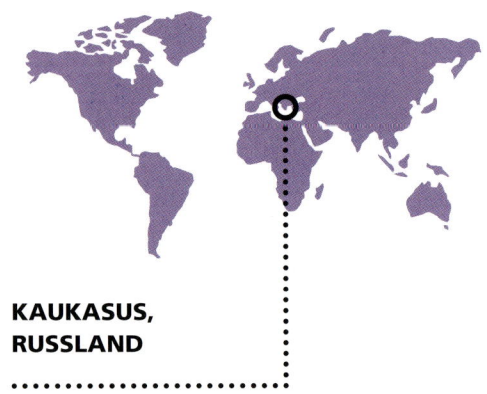

KAUKASUS, RUSSLAND

 FAKTEN

WAS VERURSACHT SCHNEELAWINEN?

▲ **SCHWERE SCHNEEFÄLLE** – 90 % der Schneerutsche treten während eines Schneesturms auf.

▲ **STEILE HÄNGE** – erhöhen die Geschwindigkeit des heruntergleitenden Schnees.

▲ **SCHICHTUNG VON SCHNEE** – wenn frischer Schnee auf Eis landet und bald zu rutschen beginnt.

▲ **ERSCHÜTTERUNGEN** – können von Menschen verursacht werden, zum Beispiel durch Skier, die den Schnee stören.

▲ **WIND** – kann viel Schnee an einem Ort anhäufen, bis er so schwer wird, dass er zu rutschen beginnt.

EINE LAWINE STARTET MEIST, WENN SICH GESCHMOLZENER SCHNEE IN GROSSEN BRETTERN VOM UNTERGRUND LÖST.

LAWINEN WIE DIESE IM KAUKASUS STELLEN EINE GROSSE GEFAHR DAR.

WÄHREND DER SCHNEE DEN BERG HINUNTERSTÜRZT, WIRD ER IMMER SCHNELLER.

130 km/h ›››››

kann rutschender Schnee in nur 5 Sekunden erreichen. Eine große Lawine, die auf einen zukommt, soll sich anhören wie ein heranrasender Güterzug!

10.000

Lawinen gibt es jedes Jahr in den Schweizer Alpen.

Wissenschaftler untersuchen den Schnee auf Anzeichen für Lawinengefahr, damit sie die Menschen davor warnen können.

GROSSE RISSE ODER SPALTEN WERDEN IM SCHNEE SICHTBAR, WENN ER IN BEWEGUNG GERÄT.

1970

kam es zur schlimmsten je aufgezeichneten Lawine, die von einem Erdbeben ausgelöst wurde. Eine 900 Meter hohe Welle aus Eis, Schlamm und Gestein raste mit 400 Stundenkilometern einen Berg in Peru hinab. Sie tötete mehr als 18.000 Menschen.

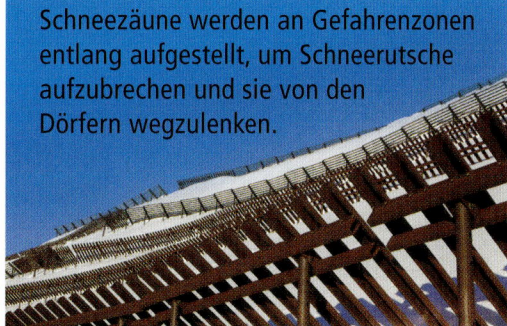

Schneezäune werden an Gefahrenzonen entlang aufgestellt, um Schneerutsche aufzubrechen und sie von den Dörfern wegzulenken.

10 METER

war der obere Teil des Mount Cook in Neuseeland hoch, der 1991 in einer Lawine zu Tal rauschte.

WENN DER SCHNEE DEN FUSS DES BERGES ERREICHT, IST ER FEIN UND PULVERARTIG.

RETTUNG
›››››››››››

Menschen sind schnell unter einer Lawine begraben und müssen so bald wie möglich gefunden werden. Rettungshunde sind darauf abgerichtet, verschüttete Lawinenopfer zu erschnüffeln.

🌍 SANDWELTEN

Große windgepeitschte Sandhügel mit Wellenmuster sind in Wüsten und Küstenlandschaften keine Seltenheit. Sanddünen können so hoch wie Berge sein und größer als manche Länder.

SANDDÜNEN

WÜSTE GOBI, MONGOLEI

DÜRRERESISTENTE PFLANZEN KÖNNEN AUF SANDDÜNEN LEBEN; MANCHE ARTEN SPEICHERN REGENWASSER IN IHREN BLÄTTERN UND STÄNGELN.

🐞 FAKTEN

1. Sanddünen bilden sich in Gebieten, wo es große Mengen an losem Sand gibt (am häufigsten an Küstenlinien oder in ausgetrockneten Flüssen, Seen oder Meeresböden).

2. Der Wind wirbelt die Sandkörner auf und trägt sie weiter, bis sie in Haufen aufeinanderliegen.

3. Ein Sandhügel entsteht und bildet eine Barriere gegen den Wind.

4. Schließlich bricht der obere Teil des Hügels ein und rutscht an der geschützten Seite des Hügels hinunter, der Abrutschseite.

5. Ein starker Wind kann die Form einer Sanddüne über Nacht verändern.

SANDDÜNEN-TYPEN

1. **SICHELDÜNE ODER BARCHAN** – Der häufigste Typ in Form einer Mondsichel entsteht, wenn der Wind aus einer Richtung bläst.

2. **PARABELDÜNE ODER BOGENDÜNE** – U-förmig mit aufwärts zeigendem Kamm und verlängerten Schenkeln dahinter, meist mit Pflanzen bewachsen.

3. **KUPPELDÜNE** – selten, oval oder kreisförmig. Meist nur ein bis wenige Meter hoch.

4. **LÄNGSDÜNE** – Lange, schlangenartige Kämme, teilweise 160 Kilometer lang.

5. **STERNDÜNE** – sternförmig mit einem Gipfel in der Mitte, geformt von Winden aus verschiedenen Richtungen. Gehören zu den höchsten Dünen der Welt.

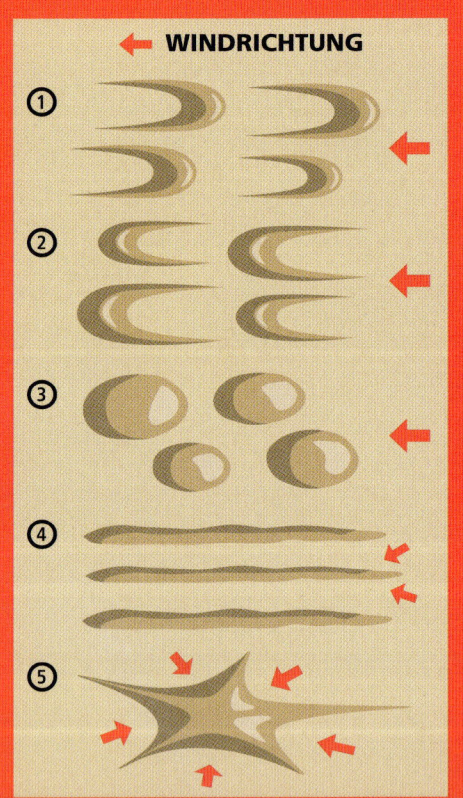

← WINDRICHTUNG

Sandstürme sind häufig in heißen, trockenen Regionen wie der Wüste Sahara. Starke Winde reißen die oberste Sand- oder Bodenschicht in die Luft und können erstickende Staubwolken viele Kilometer weit tragen.

5 MILLIONEN *JAHRE ALT*

ist der Sand in der Big-Daddy-Sanddüne in der ältesten Wüste der Welt, der Namibwüste in Namibia (Afrika).

Zu den härtesten Wettrennen der Welt gehört der Marathon des Sables, der teilweise über Sanddünen in der Sahara führt. Er dauert sechs Tage und geht über 250 Kilometer.

DIE SANDDÜNEN IN DER WÜSTE GOBI IN DER MONGOLEI SIND BIS ZU 800 METER HOCH.

1994 verirrte sich der Teilnehmer Mauro Prospero beim Marathon des Sables in einem Sandsturm. Er überlebte tagelang, indem er Urin und Fledermausblut trank.

DIE SANDDÜNEN IN DER WÜSTE GOBI SIND BEKANNT FÜR IHR PFEIFEN, SINGEN UND DRÖHNEN – DIE GERÄUSCHE WERDEN VON DER OBEREN SANDSCHICHT VERURSACHT, DIE ÜBER DIE DARUNTERLIEGENDE GLEITET, MEIST BEI STARKEM WIND.

DIE 7 **HÖCHSTEN** SANDDÜNEN

1. **CERRO BLANCO,**
   Peru.....................................1177 m

2. **CERRO MEDANOSO,**
   Atacamawüste, Chile...............550 m

3. **BADAIN JARAN,**
   China ....500 m

4. **RIG-E YALAN,**
   Iran ....470 m

5. **ISAOUANE-N-TIFERNINE-**
   SANDMEER, Algerien.............465 m

6. **BIG DADDY,** NAMIBIA,
   Afrika......................................325 m

7. **MOUNT TEMPEST,**
   Australien.................................280 m

SAND*WELLEN*

Unterwasserdünen, sogenannte Sandwellen, finden sich unter der Golden Gate Bridge in San Francisco (USA). Es gibt dort 40 Riesendünen von bis zu 10 m Höhe, die zu den größten bisher entdeckten Unterwasser-Sandwellen gehören.

🌍 SALZWELT

Große ausgetrocknete Salzseen, auch Salztonebenen oder Salzpfannen genannt, finden sich in Wüstenregionen auf der ganzen Welt. Sie entstehen, wenn Wasser verdunstet und Salz hinterlässt.

Das Gebiet war früher ein gewaltiger prähistorischer Salzwassersee, der verdunstete und das Salz zurückließ.

SALAR DE UYUNI, BOLIVIEN

BOLIVIENS AUSGEDEHN-TE SALZTONEBENE SALAR DE UYUNI IST DIE GRÖSSTE DER WELT.

DIE LANDSCHAFT BESTEHT AUS FLACH AUSGEBREITETEM, GLITZERNDEN SALZ, DAS HIER ZUM GEBRAUCH ZU HAUFEN AUFGESCHICHTET WURDE.

SALAR DE UYUNI

GELEGENTLICH BEDECKT EINE SCHICHT REGENWASSER DAS SALZ UND DER SALAR DE UYUNI WIRD ZUM GRÖSSTEN SPIEGEL DER WELT.

🐞 FAKTEN

▲ **10.600 QUADRATKILOMETER**
Fläche des Salar de Uyuni

▲ **MILLIARDEN TONNEN**
Salzmenge im Salar de Uyuni

▲ **50 BIS 70 %**
Anteil des Minerals Lithium unter dem Salz des Salar de Uyuni am Gesamtvorrat auf der Welt. Handys und Computer enthalten Lithium.

*SALZ*HOTEL

Touristen können in einem Salzhotel auf dem Salar de Uyuni übernachten. Sie schlafen in Salzbetten und sitzen auf Salzstühlen!

Im Salar de Uyuni leben große Schwärme von rosa Flamingos.

Seit Jahrhunderten wird in der Danakil-Senke in Äthiopien Salz geschürft. Salzbarren waren sogar einmal die Hauptwährung des Landes.

GEFAHR!

Die verkrustete oberste Schicht einer Salzpfanne kann einen Salzsumpf darunter verbergen.

^ STROMLINIENMOTORRAD FÜR DEN VERSUCH EINES GESCHWINDIGKEITSREKORDS AN LAND IN BONNEVILLE

DEVIL'S GOLF COURSE

Die größte Salztonebene Amerikas liegt im Death Valley in Kalifornien. Die Oberfläche ist von zerklüfteten Steinsalzformationen bedeckt und die Salzpfanne wurde nach einem Ausspruch benannt, dass „nur der Teufel dort Golf spielen könnte".

605,6 km/h

Damit erreichte Rocky Robinson in der Bonneville-Salztonebene in Utah (USA) den Land-Geschwindigkeitsrekord für Motorräder. Die Salztonebene wird regelmäßig für Land-Geschwindigkeitsrekordversuche von Motorrädern, Lastwagen und Autos genutzt.

^ DEVIL'S GOLF COURSE, DEATH VALLEY, KALIFORNIEN

DIE SELTSAMSTEN LANDSCHAFTEN DER WELT

Bei all den bizarren und wunderbaren Strukturen, aus denen unsere Erde besteht, gibt es immer wieder etwas Neues und Aufregendes zu entdecken! Diese einzigartigen Plätze solltest du unbedingt mal gesehen haben.

RORAIMA-TEPUI

RORAIMA, VENEZUELA

DER RORAIMA IST EINE EINZIGARTIGE RIESIGE HOCHEBENE, TAFELBERG ODER TEPUI GENANNT, DIE SICH 365 METER ÜBER DEN WALDBODEN ERHEBT.

DIE KLIPPEN FALLEN ZU ALLEN VIER SEITEN DER HOCHEBENE SENKRECHT AB.

ES REGNET FAST JEDEN TAG AUF DEM RORAIMA – HIER BEFINDET SICH AUCH DER SALTO ÁNGEL, DER HÖCHSTE WASSERFALL DER WELT (SIEHE S. 10).

FAKTEN

▲ Die Felsen auf dem Roraima-Tepui sind 2 Milliarden Jahre alt und gehören damit zu den ältesten geologischen Formationen der Welt.

▲ Die Hochebene erstreckt sich über 31 Quadratkilometer.

Der Tepui wird auch „Lost World" (Verlorene Welt) genannt. Es gibt mehrere Bücher und Filme über ihn, weil es dort einzigartige Tiere und Pflanzen gibt, die nur hier und sonst nirgendwo auf der Welt leben.

Geschichten europäischer Entdecker inspirierten Arthur Conan Doyle 1912 zu seinem Buch *The Lost World*. Er stellte sich eine verborgene Hochebene vor, über die prähistorische Dinosaurier zogen!

^ TIANZI, CHINA

24 MILLIONEN JAHRE

alt sind die farbenfroh gestreiften Danxia-Landschaften in China (unten). Die leuchtend bunten Gesteinsschichten verdanken ihre Färbung rotem Sandstein und Mineralablagerungen.

^ ZHANGYE-DANXIA-GEOPARK, CHINA

1262 METER

hoch ist der höchste Gipfel der säulenförmigen Tianzi-Berge in China. Die unglaublichen Steintürme wurden über viele Jahrhunderte vom Wasser ausgewaschen.

ÜBER 40.000

sechseckige Felsblöcke liegen auf dem Giant's Causeway (Damm des Riesen) in Irland. Legenden zufolge legte der Riese Fin McCool die Trittsteine aus, damit er über das Meer zu seinem Feind in Schottland gelangen konnte. Tatsächlich entstanden die Steine zu Urzeiten bei einem Vulkanausbruch.

^ GIANT'S CAUSEWAY, IRLAND

VERLORENE STADT

Tief im kambodschanischen Dschungel stehen die Überreste der alten Stadt Angkor, die seit dem 15. Jahrhundert verlassen daliegt. Die prächtigen Tempel und Statuen wurden seither von den Würgefeigen erobert.

^ DIE VERLORENE STADT VON ANGKOR

VON DER NATUR GEFORMT

Wenn Land erodiert – durch Wind, Wasser oder Eis abgetragen wird –, entstehen manchmal seltsame und wunderbare Landschaften.

Merkwürdig geformte Felssäulen, die durch Erosion entstehen, werden Hoodoos genannt.

ARTEN VON EROSION

▲ **KÜSTENEROSION**
Wellen tragen nach und nach die Küstenlinie ab.

▲ **WINDEROSION**
Zur Winderosion kommt es häufig in Wüsten, wo Sand aufgewirbelt wird.

▲ **GLETSCHEREROSION**
Gletscher reißen den Boden unter sich mit (siehe S. 46). Sie erzeugen Täler mit flacher Talsohle.

ARCHES-NATIONALPARK

< DOPPELBOGEN, ARCHES-NATIONALPARK

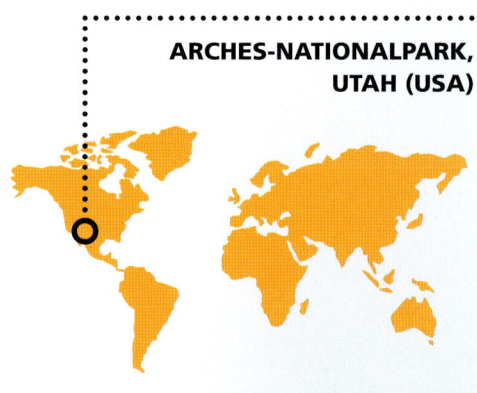

ARCHES-NATIONALPARK, UTAH (USA)

DER „LANDSCAPE ARCH" IST MIT 88 M BREITE DER LÄNGSTE BOGEN IM PARK.

DIE BOGEN WURDEN IM LAUFE DER ZEIT DURCH REGEN IN DIESE FORM GEBRACHT.

IM ARCHES-NATIONALPARK GIBT ES MEHR ALS 2000 NATÜRLICHE SAND-STEINBOGEN, MEHR ALS IRGENDWO SONST AUF DER WELT.

Die „Feenkamine" in Kappadokien in der Türkei sind Felssäulen, die durch Wind und Regen geformt wurden. Man kann dort sogar in einem „Feenkamin"-Hotel übernachten.

^ BRYCE CANYON, USA

Die zerklüfteten Felssäulen oder Hoodoos im Bryce Canyon sind bis zu 60 m hoch. Das ist etwa 11-mal so groß wie ein ausgewachsener Giraffenbulle!

11 x

Einladende türkisfarbene Becken warten im türkischen Pamukkale auf weißen Klippen auf Besucher. Die Klippen wurden durch Kalziumablagerungen des heißen Quellwassers geformt. In den warmen Becken baden die Menschen schon seit Jahrtausenden.

^ PAMUKKALE, TÜRKEI

BEWEGLICHE KÜSTE

Gezeitenströme und Wind geben dem Goldenen Horn in Kroatien ständig eine neue Form. Die Spitze des Strandes zeigt normalerweise nach Osten, aber bei starkem Wind auch manchmal nach Westen.

^ MONO LAKE, KALIFORNIEN

KALKTUFF

Diese einzigartigen, vom Wind geformten Türme (links) erheben sich aus dem Mono Lake in Kalifornien. Sie bestehen aus Kalziumkarbonat, das von einer unterirdischen Süßwasserquelle hier abgelagert wurde, bevor der Wasserspiegel des Sees zurückging.

^ GOLDENES HORN, KROATIEN

Die Moeraki Boulders, die überall am Strand von Koekohe in Neuseeland herumliegen, wiegen bis zu 7 Tonnen. Nach Maori-Legenden sind es Aalkörbe, die aus einem riesigen Segelkanu an Land gespült wurden. Tatsächlich entstanden sie auf dem Meeresgrund und landeten durch Erosion am Strand.

UNGELÖSTE GEHEIMNISSE

Es gibt nicht viel auf unserem Planeten, das wir noch nicht erforscht haben, und die Wissenschaftler haben inzwischen viele Geheimnisse entschlüsselt, über die sich unsere Vorfahren den Kopf zerbrachen. Es gibt jedoch immer noch Orte, die wir nicht begreifen!

DIE CHOCOLATE HILLS

 *Einer Legende zufolge wurden die Hügel von zwei Riesen erschaffen, die sich mit Sand und Steinen bewarfen. Eine andere Legende besagt, die Hügel seien die Tränen eines Riesen.*

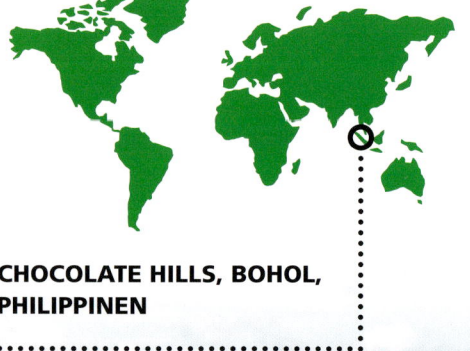

CHOCOLATE HILLS, BOHOL, PHILIPPINEN

ES GIBT ZWISCHEN 1268 UND 1776 DIESER GEHEIMNISVOLLEN GRASBEWACHSENEN KEGELFÖRMIGEN HÜGEL, DIE NIEMAND ERKLÄREN KANN.

DIE HÜGEL SIND 30 BIS 50 METER HOCH, DER HÖCHSTE ERREICHT 120 METER.

DIE GRASBEWACHSENEN HÜGEL WERDEN IN DER TROCKENZEIT BRAUN, DAHER DER NAME „CHOCOLATE HILLS".

95%

des Meeresbodens wurden noch nicht erforscht.

TIEFSEE-SEE

Der Vulkan Daikoku liegt 414 m tief im Marianengraben (siehe S. 19). Es ist der einzige Ort auf unserem Planeten mit einem See aus flüssigem Schwefel. Die Wissenschaftler können ihn nicht vollständig erforschen, weil dort Temperaturen von 187 °C herrschen.

^ ANTARKTIS

IMMER DEM LICHT NACH

Eine geheimnisvolle fußballgroße, leuchtende Lichtkugel, das „Min Min"-Licht, folgt Reisenden manchmal durch das Outback im australischen Queensland. Niemand weiß genau, wo es herkommt, aber die Legende besagt, wenn man das Min Min jagt und fängt, verschwindet man!

^ DEATH VALLEY, USA

GEHEIMER SEE

Drei Kilometer unter der Antarktis liegt eine geheime Welt aus Seen und Flüssen. Wissenschaftler versuchen derzeit, eine Probe aus dem Seewasser zu entnehmen, das vor einer Million Jahren durch den Klimawandel dort eingeschlossen wurde, um vielleicht unbekannte Bakterien zu entdecken.

GEHEIMNIS GELÜFTET!

Es dauerte 70 Jahre, das Geheimnis der wandernden Felsen im Death Valley in den USA zu entschlüsseln. Niemand verstand, wie die Steine von selbst über den ausgetrockneten See wandern konnten, bis Wissenschaftler herausfanden, dass eine spezielle Kombination von Wasser, Eis und Wind es möglich macht.

VERLORENES KÖNIGREICH

Papua-Neuguinea beherbergt eine große Vielzahl an Tieren – manche behaupten sogar, dort fliegende Dinosaurier gesehen zu haben! 2009 fanden Forscher einen 3,2 Kilometer breiten Krater mit 40 neuen Pflanzen- und Tierarten, darunter einen Frosch mit Zähnen.

^ AMAZONAS-REGENWALD

UNBERÜHRTE WELT

Riesige Gebiete des Amazonas-Regenwalds in Südamerika sind immer noch nicht erforscht. Man glaubt, dass dort viele bisher unentdeckte Tierarten leben. Aus Luftaufnahmen wissen wir, dass im Dschungel Stämme leben, die noch nie Kontakt mit der Außenwelt hatten.

GLOSSAR

ANTARKTIS Der südlichste Teil der Erde und der Ort, an dem sich der Südpol befindet.

BEBENHERD Ort in der Erdkruste, an dem Druck freigesetzt wird, was häufig zu einem Erdbeben führt.

BIMSSTEIN Vulkangestein mit eingeschlossenen Luftbläschen, das so leicht ist, dass es schwimmt.

BLASLOCH Kleines Loch, meist am Ende einer Brandungshöhle, aus der eine Wasserfontäne spritzt, wenn sich darunter Druck aufbaut.

BLUE HOLE Unterwasser-Doline (ein riesiges Loch mit steilen Wänden).

BOX CANYON Kleiner Canyon mit steilen Klippen auf mindestens drei Seiten.

CANYON Tiefes und enges Tal mit steilen Wänden, das von einem Fluss aus dem Gestein gewaschen wurde.

CENOTE Wassergefüllte Doline, die mit unterirdischen Höhlen und Flüssen verbunden ist.

CHALLENGERTIEF Tiefster Punkt auf dem Meeresboden. Befindet sich am Grund des Marianengrabens im Pazifischen Ozean.

DOLINE Öffnung, die entsteht, wenn die Erde plötzlich einsackt.

EISBERG Große, treibende Eismasse, die von einem Gletscher oder Eisschild abgebrochen ist.

EISKAPPE Große Masse aus Schnee und Eis, die ständig eine große Landfläche bedeckt.

EISSCHILD Große, dicke Eismasse, die ein Gebiet bedeckt.

EPIZENTRUM Punkt auf der Erdoberfläche, an dem der Druck bei einem Erdbeben freigesetzt wird.

ERDBEBEN Plötzliches Freiwerden von Energie aus der Erdkruste, das zu Erschütterungen und Vibrationen führt.

ERDKRUSTE Äußere Schicht der Erde, besteht aus Gestein.

ERDMANTEL Dicke Schicht aus flüssigem Gestein, die unter der Erdkruste liegt.

EROSION Wenn Land von Regen, Wind, Wellen oder Eis abgetragen wird.

FELSNADEL Hohe, spitze Felsformation, die durch Erosion entstanden ist.

FELSTURM Felsformation, die wie ein Turm geformt ist, durch Erosion entstanden.

FEUCHTGEBIET Tief gelegenes Gebiet mit feuchtem Land, zum Beispiel ein Sumpf, ein Moor oder Marschland.

GEYSIR Heiße Wasserfontäne, die aus einer unterirdischen Quelle in die Luft schießt.

GLAZIOLOGE Jemand, der Gletscher untersucht.

GLETSCHER Großer, langsam fließender Fluss aus Eis.

HOCHEBENE Flacher Berggipfel.

HÖHLE Hohlraum oder Durchgang in die Erde oder unter der Erde.

HOODOO Säule aus Gestein, die durch Erosion geformt wurde.

HURRIKAN Großer, kraftvoller Sturm mit extrem starken Winden.

KALBEN Wenn ein großes Stück Eis von einem Gletscher bricht und zu einem Eisberg wird.

KARAT Gewichtseinheit für Edelsteine und Gold, entspricht 0,2 g. Bei Gold wird nur der Feingehalt gemessen.

KARSTHÖHLE Höhle, die durch Wassererosion erweitert wurde.

KLIMAWANDEL Anstieg der Temperaturen auf der Welt, wahrscheinlich durch eine Zunahme bestimmter Gase in der Atmosphäre verursacht.

LAWINE Schnee, der plötzlich mit großer Geschwindigkeit bergab rast.

MAGMA Kochendes flüssiges Gestein.

MAHLSTROM Kräftiger Strudel.

MARIANENGRABEN Tiefster Teil der Erde, liegt im westlichen Pazifischen Ozean.

MARSCHLAND Weiches, feuchtes, grasbewachsenes Land.

MEERENGE Schmaler Kanal, der zwei Meere verbindet.

MONDREGENBOGEN Regenbogen, der nachts erscheint.

MOORBODEN Weicher, nasser, schlammiger Boden.

MÜNDUNG Stelle, an der ein Fluss in einen See, einen Stausee, ein Meer oder einen anderen Fluss fließt.

NACHBEBEN Die kleinen Erderschütterungen nach einem größeren Erdbeben.

NÖRDLICHER POLARKREIS Der nördlichste Teil der Erde, an dem sich der Nordpol befindet.

PACKEIS Große Eismasse, die auf dem Meer treibt, besteht aus kleineren, zusammengefrorenen Eisstücken.

PAZIFISCHER FEUERRING Gebiet des Pazifischen Ozeans, das von Vulkanen umgeben ist.

QUELLE Anfangspunkt eines Baches oder Flusses, meist hoch oben in den Bergen.

RICHTERSKALA Methode zum Messen der Stärke eines Erdbebens.

SALZTONEBENE (oder Salzpfanne) Großes, flaches, mit Salz bedecktes Landstück; das Salz blieb übrig, als Salzwasser verdunstete.

SANDDÜNE Sandhügel, der vom Wind aufgeschichtet wurde.

SCHLUCHT Schmales Tal mit steilen Wänden.

SCHNEERUTSCH Schneelawine.

SLOT CANYON Schmaler Korridor, der durch plötzlich und in großen Mengen hindurchrauschendes Wasser geformt wurde.

SPALTE Langer, schmaler Riss oder lange, schmale Öffnung.

STALAGMIT Mineralablagerung am Boden einer Höhle, die in die Höhe wächst.

STALAKTIT Eiszapfenförmige Mineralablagerung, die von der Decke einer Höhle hängt.

STRUDEL Sich drehendes Wasser, verursacht durch Strömungen.

STURMFLUT Außergewöhnlich starker Anstieg des Meeresspiegels im Küstenbereich, verursacht durch einen starken Sturm.

SUMPF Gesättigtes (sehr feuchtes) Land, gewöhnlich mit Vegetation bewachsen.

TAUCHBOOT Unterwassergefährt zur Erforschung und zum Arbeiten in der Tiefsee.

TEKTONISCHE PLATTEN Große, sich langsam bewegende Platten, aus denen die Erdoberfläche besteht.

THERMALQUELLE Warmes Wasser, das aus dem Boden sprudelt.

TORF Teilweise verrottetes Pflanzenmaterial, meist Moose, in Mooren zu finden. Torf wird manchmal als Brennstoff genutzt oder unter Erde gemischt, damit Pflanzen besser wachsen.

TREIBSAND Lockerer, nasser Sand, der kein Gewicht tragen kann, sodass alles hineingesaugt wird, was darauf landet.

TSUNAMI Riesenwelle, die durch ein Erdbeben oder einen großen Erdrutsch verursacht wurde.

UNTERWASSER-CANYON Canyon am Meeresboden.

VULKAN Berg, der manchmal Gestein, Asche und Lava herausschleudert, die von unterhalb der Erdkruste stammen.

WASSERFALL Wenn Fluss- oder Bachwasser an einer steilen Stelle in die Tiefe rauscht.

REGISTER

BILDNACHWEISE

LEGENDE – ol oben links, om oben Mitte, or oben rechts, ml Mitte links, m Mitte, mr Mitte rechts, ul unten links, um unten Mitte, ur unten rechts.

© **Shutterstock:** 4ol Subbotina Anna, 4or Anna Morgan, 4m EpicStockMedia, 4ml Rainer Albiez, 4mr Denis Burdin, 4u tusharkoley, 5or (Roboter-symbol) Eka panova, 6l Daniel J. Rao, 7l Thor Jorgen Udvang, 7u wong yu liang, 8m Dobroslawa Szulc, 8l PRILL, 8r Sergey Uryadnikov, 9l Dr. Morley Read, 9r Igor Jandric, 9u Gilles Paire, 10m Ronald Sumners, 11o Vadim Petrakov, 11m Vadim Petrakov, 12m Andresr, 13l szefei, 13r Scott Prokop, 14m johnbraid, 15o vicspacewalker, 15l Pichugin Dmitry, 15r Zastolskiy Victor, 15u Photovolcanica.com, 16m Zacarias Pereira da Mata, 17ol Dr_Flash, 17or Aditya Singh, 17m karamysh, 17mr EpicStockMedia, 17u Linda Bucklin, 20m KPG_Payless, 21ul Wolfgang Berroth, 22m Wollertz, 22ml nicolas.voisin44, 23o tagstiles.com - S.Gruene, 23or paul prescott, 23m Steve Allen, 23ul Ivan_Sabo, 23ur Eric Isselee, 24m Prometheus72 / fpolat69, 25o Cico, 25r NigelSpiers, 25ur Sparkling Moments Photography, 26m Rainer Albiez, 26l fluidworkshop, 27l Designua, 27om 123dartist, 27mu In Green, 27ur Sergios, 28m f11photo, 29o Lorcel, 29l Filip Fuxa, 29r Sean Pavone, 29u Patricia Hofmeester, 30m zebra0209, 31or Matej Hudovernik, 31r ILeysen, 32m Filipe Frazao, 32l Eduard Kyslynskyy, 33or Nicola Keegan, 33m John Wollwerth, 33ol Bennyartist, 33ul cellistka, 33u pio3, 34m dibrova, 35o Wolfgang Zwanzger, 35m Subbotina Anna, 35r AridOcean, 36m Daniel Prudek, 37ol Elzbieta Sekowska, 37u Frontpage, 38m Zalka, 39o Nadezda Murmakova, 39m vichie81, 39r Sumikophoto, 39ul KN, 40m e X p o s e, 40l michlomop, 41or AISA - Everett, 42m La Nau de Fotografia, 43ol meunierd, 43m Josef Pittner, 43r Jorg Hackemann, 43u Volt Collection, 44m 140914756, 45l VikOl, 45or Cico, 45r Denis Burdin, 45m ChameleonsEye, 45ur BMJ, 46m Joshua Raif, 47ol Bernhard Staehli, 47or Incredible Arctic, 47u saraporn, 48m My Good Images, 49 or prochasson frederic, 49m Peter Gudella, 49ur Cylonphoto, 50m Daniel Prudek, 50or Daniel Prudek, 51ol onairda, 51or Maridav, 51u Dudarev Mikhail, 52m Chris Howey, 53ol Alberto Loyo, 53or Matej Hudovernik, 53m John Blanton, 53ur Gary C. Tognoni, 54m Harald Toepfer, 54u leonello calvetti, 55ol lzf, 55r SIHASAKPRACHUM, 55u Noradoa, 55ur R.M. Nunes, 56u Guoqiang Xue, 56m tusharkoley, 57ol meunierd, 57o Anna Morgan, 57r Mikael Damkier, 57m Scott Prokop, 57ul Simone Simone, 57ur Khoroshunova Olga, 58m Khoroshunova Olga, 59ol Esteban De Armas, 59or mattymeis, 59m Mariusz S. Jurgielewicz, 59ul Ammit Jack, 59ur Linda Bucklin
© **Science Photo Library:** 18m Alexis Rosenfield, 25ul Gary Hincks © **CORBIS:** 19ur Li Ziheng/Xinhua PressMark A. Garlick: 29m.

Alle anderen Vektorgrafiken © Shutterstock und Dynamo Limited